THiLO

Expedition ins Abenteuer – Hier bist du der Held!

Gefahr in der S

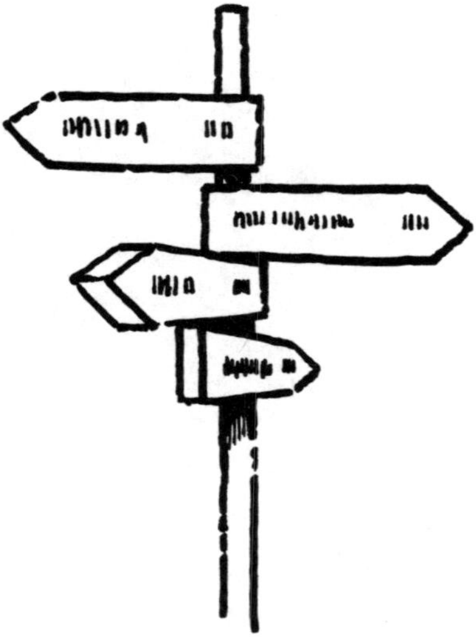

EXPEDITION INS ABENTEUER

Hier bist du der Held!

THiLO

Gefahr in der Steinzeit

Mit Illustrationen von Leopé

Loewe

FSC
Mix
Produktgruppe aus vorbildlich bewirtschafteten Wäldern und anderen kontrollierten Herkünften

Zert.-Nr. SGS-COC-1940
www.fsc.org
© 1996 Forest Stewardship Council

ISBN 978-3-7855-6295-6
1. Auflage 2008 als Loewe-Taschenbuch
erschienen in der Serie *1001 Abenteuer* unter den Titeln
SOS aus der Steinzeit (© 2006 Loewe Verlag GmbH, Bindlach) und
Entscheidung am Indianerfluss (© 2004 Loewe Verlag GmbH, Bindlach)
Umschlagillustration: Heribert Schulmeyer
Umschlaggestaltung: Christian Keller
Printed in Germany (007)

www.loewe-verlag.de

Inhalt

SOS aus der Steinzeit

Entscheidung am Indianerfluss

→ *In diesem Buch bist du der Held! Immer wieder ist auf den folgenden Seiten deine Entscheidung gefragt. Wie das Abenteuer weitergeht, hängt davon ab, welchen Weg du wählst. Also überlege gründlich, triff deine Entscheidung, und lies auf der angegebenen Seite weiter. Und sei vorsichtig – denn bei diesem Abenteuer könnte jeder Fehler das Ende bedeuten!*

SOS aus der Steinzeit

→ Wie alles begann ...

„Hey, du! Wach auf!“ Mit diesen Worten fing alles an, eines Nachts, als du nichts ahnend in deinem Bett lagst und schliefst. Du erinnerst dich doch hoffentlich?

Eine flackernde Taschenlampe schien dir ins Gesicht. Als du endlich die Augen öffnen konntest, traf dich fast der Schlag – zwei vollkommen fremde Jungs standen vor deinem Bett. Sie mussten leise durchs Fenster geklettert sein. Beide etwa zwölf Jahre alt – so ziemlich ihre einzige Gemeinsamkeit:

Der eine klein und dick, mit wirren Haaren und einer knubbeligen Nase. Sein Hemd mühselig in den Gürtel gesteckt, aus seinen Sandalen hingen vorn handbreit die Socken heraus. Theo, wie du später erfuhrst.

Der andere – der sich höflich als Hektor vorstellte – groß, sportlich wie ein Zehnkämpfer, mit dem Aussehen eines Filmstars. Schnell fiel dir auf, dass er in jedem zweiten Satz Feinheiten aus der Geschichte der Menschheit erwähnt und alte Sprachen kennt wie andere Leute Fußballteams – kein Wunder, wenn man einen Museumsdirektor zum Vater hat. Mit einem Wort – Hektor ist ein wahrer Supermann, wäre da nicht diese unvorteilhafte Brille ... und der komische Name, mit dem ihn sein bester Freund ständig aufzieht. Wie gern hätte Hektor einen normalen Namen – *Theo* müsste es allerdings nicht unbedingt sein.

Gib's zu: Als die beiden dir aufgeregt erklärten, warum sie gekommen waren, hast du am Anfang nur Bahnhof verstanden. Vielleicht lag es daran, dass sie sich ständig unterbrachen und herumstritten. Doch schließlich hattest du kapiert.

In „Hektors" Museum hatten die beiden Freunde in der abgebrochenen Hand einer mittelalterlichen Bronzestatue ein Stück Pergament entdeckt, das außer ihnen offenbar niemand sehen konnte. Theo hatte es herausgeholt und fassungslos festgestellt, dass es an *ihn* adressiert war! Absender: ein Magier aus dem Mittelalter.

Der Magier hatte Theo und Hektor ausgewählt, für ihn eine Reihe von gefährlichen Aufträgen zu übernehmen. Mithilfe der Bronzehand sollten sie an weit entfernte Orte und in vergangene Zeiten reisen, um anderen Gutes zu tun – egal wo und wann sie lebten.

Doch weil der Magier wusste, dass die beiden grundsätzlich unterschiedlicher Meinung sind, hatte er *dich* dazu bestimmt, sie zu begleiten und die Entscheidungen für sie zu treffen!

Natürlich musstest du schwören, kein Sterbenswörtchen zu verraten – dann habt ihr drei mitten in der Nacht einen geheimen Pakt besiegelt: das Bronzehandbündnis! Und schon am nächsten Tag wart ihr im Museum verabredet – zu eurem ersten Abenteuer ...

→ **Ein neuer Auftrag …** Du bist gerade auf dem Weg zur Schule, als dich Theo und Hektor an der Straßenecke abfangen.

„Vergiss Mathe und Sachkunde – wir haben heute Wichtigeres zu tun!“, ruft dir Theo hektisch entgegen.

Das kann nur eins bedeuten: Der Magier hat einen neuen Auftrag für euch!

Hektor nickt. „Theo hat ihn eben entdeckt, als er mich im Museum abholen wollte.“

Wie euer Auftrag lautet, können dir die beiden nicht sagen. Sie haben mit dem Lesen selbstverständlich auf dich gewartet. Schließlich seid ihr ein Bündnis.

Nur kurz denkst du an die Folgen, wenn du nun den Unterricht schwänzt, dann gehst du mit.

„Gerade heute!“, murmelt Theo. „Wo wir doch in der sechsten Stunde die Mauer am Pausenhof verschönern wollten!“

Er zieht eine Spraydose aus der Tasche seiner braunen Schlabberhose.

„Eben, *verschönern*, hat unser Rektor gesagt. Nicht verunstalten!“, zieht ihn Hektor auf. „Außerdem sind wir bis Mittag längst zurück. Vergiss nicht, dass hier keine Zeit vergeht, während wir weg sind. Mit etwas Glück sind wir pünktlich zur

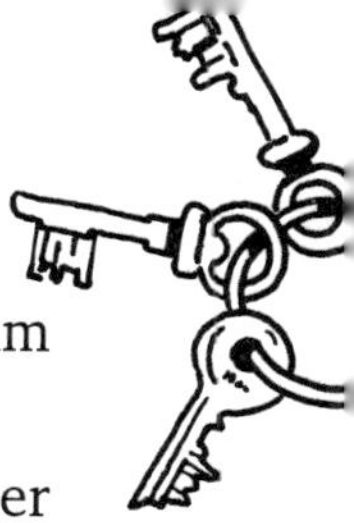

zweiten Stunde in der Schule." Schon seid ihr am Museum angekommen.

Der Museumswärter, euer ganz spezieller „Freund", schließt gerade die Eingangstüren auf.

„Ach, der Sohnemann des verehrten Herrn Direktors!", begrüßt er Hektor spöttisch. „Ist heute keine Schule?"

Wie gut, dass ihr euch immer auf Hektors Schlagfertigkeit verlassen könnt. Auf dem Tresen vor der Kasse erblickt er einen Karton mit soeben eingetroffenen Ausstellungsstücken und schielt hinein.

„Doch. Ich habe nur vergessen, einen Faustkeil aus der Steinzeit mitzunehmen. Mein Vater hat's erlaubt", schwindelt er und nimmt einen Keil aus dem Karton.

Der Wärter nickt. „Aha, Exponat 478/2005", bestätigt er. Offensichtlich hat er's geschluckt und wird die Sache nicht überprüfen. Sonst wäre das Abenteuer schneller beendet, als es begonnen hat.

„Ihr habt doch sicher nichts dagegen, wenn ich die Sache überprüfe, oder?"

Selbstgefällig grinsend greift er zum Telefon und wählt Hektors Nummer.

Verdutzt sieht er auf die Anzeige.

Zurzeit kein Empfang blinkt darauf – dabei ist es gar kein Handy!

Eindeutig eine Tat des Magiers.

Während sich der Wärter über dieses Rätsel noch den Kopf zerbricht, schleicht ihr auf Zehenspitzen an ihm vorbei.

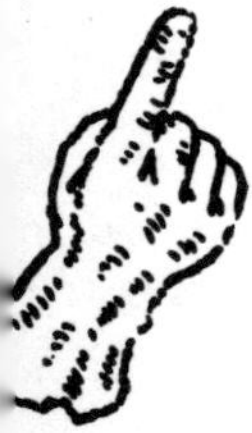

Im Gang beginnt ihr zu rennen, bis ihr in der Halle für Geschichte des Mittelalters seid. Hier ist sie ausgestellt: die Bronzehand, die eurem Bündnis den Namen gab. Majestätisch thront sie auf einem Kissen aus rotem Samt, ihr Schaft ist hohl. Darin zusammengerollt liegt ein Pergament.

„Siehst du, da ist der Auftrag!“, sagt Theo und hebt den Glaszylinder an, der die Hand vor allzu neugierigen Fingern schützen soll. Wie immer bleibt bei euch der Alarm aus.

Theo zieht die Hand mitsamt der Nachricht aus dem Zylinder, dann beginnt er vorzulesen:

„An einem Donnerstag vor 35 000 Jahren wird ein achtjähriger Junge der Gattung Homo sapiens ungefähr an der Stelle, wo heute das Museum steht, von einem Höhlenlöwen angegriffen. Die Erwachsenen seiner Sippe sind gerade abgelenkt und können ihm nicht helfen.
Der Kleine tastet hinter seinem Rücken nach einem Faustkeil, den er selbst zurechtgehauen hat, doch er greift ins Leere. Das Werkzeug hat er

beim Spielen an einem Flusslauf verloren. Erst vor drei Wochen wurde es beim Verlegen eines Abflussrohrs wiedergefunden. Das Exponat steckt in Hektors Hosentasche.
Theo, bring das Werkzeug zu seinem Besitzer zurück, und sorge so dafür, dass sich der Junge notdürftig gegen den Löwen wehren kann, bis die Männer ihm zu Hilfe eilen. Sonst ist er verloren. Und vor allem: Tu dies wie immer unauffällig. Sonst schlägt der Auftrag fehl, und der Junge findet einen grauenvollen Tod.“

„Mann, ist das ein Ding!“, staunt Theo.

„Ja, in die Junge Altsteinzeit wollte ich auch schon immer mal“, antwortet Hektor.

„Quatsch, das mein ich gar nicht. Das Pergament war doch schon heute Morgen in der Bronzehand. Und Hektor hat den Faustkeil erst vor drei Minuten eingesteckt, wie konnte der Magier das wissen?“

„Ich denke, deshalb ist er ein Magier“, meinst du schulterzuckend. „Aber ich habe ganz andere Sorgen. Wie sollen wir den richtigen Jungen finden? In so einer Sippe gibt es sicher Dutzende!“

Theo dreht das Blatt um. „Moment! Schaut mal! Hier ist noch eine Personenbeschreibung auf der Rückseite.“

Theo liest weiter:

„Da es in der Steinzeit noch keine Namen gibt, hier eine Beschreibung des Jungen: Ein Meter zwanzig groß, schwarze Haare, wulstige Augenbrauen, leicht behaarter Oberkörper und um die Hüften ein Lendenschurz aus Tierfell."

Kaum hat dein Kumpel zu Ende gelesen, als ein lautes Lachen durch die Lautsprecher an der Decke hallt.

Hektor schüttelt miesepetrig den Kopf.

„Tsssä! Der Magier ist wirklich ein Witzbold: So sieht in der Steinzeit doch jeder aus!"

Plötzlich erstirbt das Lachen, und die Stimme des Museumswärters schallt über die Gänge:

„Hektor? Wo steckst du denn?"

Jetzt ist Eile geboten! Nur gut, dass ihr heute das Stück, das ihr zurückbringen sollt, nicht auch noch aus einer anderen Halle holen müsst. Hektor schiebt den Faustkeil in Theos Hosentasche. Eure Schultaschen versteckt ihr hinter dem Vorhang – und dann nichts wie ab Richtung Steinzeit!

Ihr fasst euch an den Händen – dir wird kalt ...

→ **Das Abenteuer beginnt!** Um euch herum verschwindet alles: *das Museum, die Vitrinen, die Flure*. Wie bei einer Vollbremsung fliegt ihr durch einen dunklen Tunnel. Nichts ist mehr zu erkennen, du spürst nur noch die zitternden Hände von Theo und Hektor in deiner Faust. Nach ein paar Sekunden stockfinsterer Nacht wird es wieder heller, zu hell, wie ein Blitz. Geblendet schließt du die Augen.

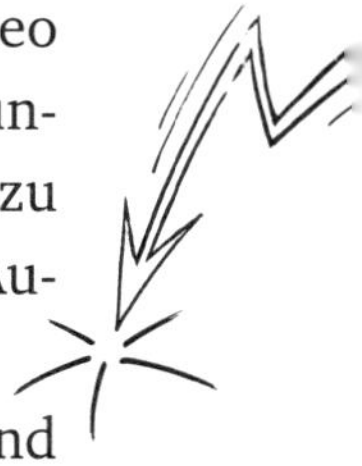

Dann schlägst du auf dem Boden auf. Hektor und Theo landen neben dir.

Erschöpft von der Reise durch die Zeit, lässt du die Augen noch einen Moment geschlossen und horchst nur auf die Geräusche um dich herum: Zirpen, Zwitschern, Muhen und Röhren dringt an dein Ohr. Als aus der Ferne ein räuberisches Gebrüll dazukommt, reißt du die Augen auf. Beruhigt siehst du, dass die Pflanzen gar nicht so anders sind: Die Talmulde rings um euch her ist dicht bewachsen mit Gras, Kräutern, Farnen und Zwergbirken. Große Bäume hingegen sind Mangelware, nur an einem Fluss unten in der Talsenke stehen sie in Gruppen.

Nachdem Theo festgestellt hat, dass der kostbare Faustkeil noch immer in seiner Hosentasche steckt, schaut auch er sich um. „Das soll der Ort sein, an dem wir bald leben? Blödsinn. Bei uns gibt es doch gar keine Löwen!“, wundert er sich.

Hektor nimmt die Gelegenheit wahr, etwas von seinem unerschöpflichen Wissen preiszugeben: „Klar, in unserer Zeit gibt es in Europa keine Löwen mehr. Aber selbst die alten Griechen mussten noch damit rechnen, von so einem Raubtier angefallen zu werden.“

Theo hat mit großen Augen zugehört.

„Gibt’s hier auch Mammuts?“, fragt er vorsichtig.

Statt einer Antwort dröhnt ein vielstimmiges Trompeten durch das Tal. Die Erde bebt. Noch sind die Tiere von Felsbrocken verdeckt.

Theo ist begeistert. „Schnell hin, ich hab noch nie im Leben ein echtes Mammut gesehen!“, jubelt er.

Hektor hält ihn zurück.

„Besser nicht! Wir verkriechen uns lieber hinter dem Busch da!“

Tja, du triffst hier die Entscheidungen – was macht ihr?

→ (23) **Mammuts – nichts wie hin!**

→ (39) **Mammuts – nichts wie weg!**

→ **Frisch gewagt ist halb gewonnen!** Mit wenigen Schritten springt ihr in die Mitte der Jäger. Hektor reißt dem sichtlich verdutzten Ung die Lanze aus der Hand und schleudert sie dem Leitwolf entgegen.

Natürlich trifft er das Tier, passgenau an der Vorderpfote. Er will es ja verjagen, nicht zur Strecke bringen. Doch statt sich zurückzuziehen, greifen die Tiere jetzt mit doppelter Wut an. Von allen Seiten springen die grauen Raubtiere heran. Jeder der Männer muss sich gegen mindestens zwei Wölfe wehren. Verbissen kämpft ihr gegen die grauen Räuber.

Schließlich ziehen die verprügelten Tiere winselnd ab, der Homo sapiens hat doch gesiegt. Aber zu welchem Preis! Ein junger, schmaler Mann hat seinen Zeigefinger an einen Wolf verloren. Ein anderer, mit besonders kräftigem Bartwuchs, hat eine tiefe Bisswunde im Unterschenkel. Tapfer beißt er die Zähne zusammen und humpelt weiter vorwärts.

Aber auch Theo hat es grausam erwischt.

„Verdammt, mein Daumennagel ist eingerissen!“, jammert er. „Das wird beim Computerspielen heftig wehtun!“

Mühsam schleppt sich der Zug in eine nahe Höhle. Stück für Stück wird das Fleisch herbeigeholt. Die Männer haben diesen Platz wohl schon öfter aufgesucht, denn verkohlte Äste weisen auf ein erloschenes Feuer hin.

Die verletzten Männer verschwinden mit Honk in einem schmalen Gang der Höhle, die gesunden Jäger schleppen die Beute hinter Ung her in einen großen breiten Gang.

„Die Verletzten werden sicher zu ihren Familien gebracht“, glaubt Hektor. „Besser, wenn wir mit ihnen gehen.“

Theo graust es.

„Und wenn sie umgebracht werden? Wer nicht jagen kann, ist hier doch sicher nutzlos, oder?“

Welchen Männern folgt ihr?

→ (107) **Den Verletzten.**

→ (43) **Den Gesunden.**

→ **Nach dem Gemälde** an der Wand entdeckt ihr in der Höhle keine weiteren Anzeichen für menschliche Wesen.

„Lasst uns umkehren!“, schlägt Theo nach einer Weile vor.

Eben willst du zustimmen, als dir eine Merkwürdigkeit auffällt: Obwohl ihr tief unter der Erde seid, ist es hell genug, um den Boden zu sehen, und das liegt nicht an eurer funzligen Fackel. Außerdem fühlst du einen leichten Luftzug auf der Haut.

Du legst dich auf den Boden und findest deinen Verdacht bestätigt. Nagetiere haben Tausende von Gängen nach außen gegraben. Der Stollen ist also gar nicht aus massivem Fels!

Stück für Stück verbreitert ihr mit euren Händen die Gänge und wühlt euch nach draußen.

Jetzt seid ihr zwar vollkommen verdreckt, aber eure Eltern sind ja 35 000 Jahre entfernt, wer sollte euch zum Waschen zwingen?

Vielleicht die Steinzeitmänner, die euch mit großen Augen ansehen?

→ (28) **Kein Zweck mehr, euch zu verstecken. Ihr geht zu ihnen.**

→ **Welchen Weg eigentlich?** Die wegweisenden Fußspuren habt ihr doch schon längst verloren! Wie wollt ihr denn jemals auf Steinzeitmenschen treffen und euren Auftrag ausführen?

→ (59) **Na, was soll's? Ihr betretet eben die Höhle.**

→ **Das Mammut rennt** mit gesenktem Kopf auf euch zu. Ihr drei hockt euch ins Gras und überlegt erst mal, wo man hier am Fluss am besten Feuersteine finden könnte.

Hektor glaubt, ihr solltet zu den Felsen hinüberschlendern, dabei ein lustiges Lied pfeifen und nebenbei nach ein paar Steinchen suchen. Theo glaubt, man könnte hier graben. Eine Schaufel will er sich aus der Birke am Flussufer schnitzen.

Du denkst ...

Das kann doch alles nicht wahr sein! Ein Mammut rennt auf euch zu! Feuermachen mit Feuersteinen dauert Minuten!

Zu den Felsen könnt ihr nun nicht mehr, der Mammutbulle versperrt euch den Weg dorthin. Du zeigst nur auf eine eng stehende Baumgruppe. Dort könnte das Vieh mit den Stoßzähnen hängen bleiben.

→ (58) **Ab durch die Mitte.**

→ **Probleme mit dem Vorwärtskommen** habt ihr nicht. Die Mammuts haben einen Pfad, breit wie eine vierspurige Autobahn, durch das Buschwerk getrampelt.

„Interessant!“, murmelt Hektor und reibt sich die Brillengläser. „Überall wachsen Sträucher mit dicken Ästen, nur hier auf dem Pfad nicht. Das bedeutet, dass die Tiere immer denselben Weg gehen – alle Pflanzen werden regelmäßig niedergetrampelt!“

Auch Theo kapiert, was hinter den Worten steckt.

„Cool! Dann lauern ihnen die Jäger sicher an diesem Pfad auf – wir sind auf dem richtigen Weg!“

Da plötzlich hört ihr im Gebüsch ein verdächtiges Rascheln. Wieder ein Mammut?

→ (62) **Runter vom Pfad! Ihr sucht die Sicherheit des Gebüschs und rennt um euer Leben.**

→ (33) **Runter vom Pfad! Ihr wollt sehen, was da auf euch zukommt, und springt in das Buschwerk.**

→ **Mammuts!** Schon der Name klingt fantastisch und aufregend. Diese Tiere sind so gewaltig, dass sich unsere heutigen Elefanten locker dahinter verstecken könnten. Ihre Stoßzähne wurden allerdings von keinem Zoowärter zurechtgestutzt. Bis zu fünf Meter lang sind diese Dolche, die euch da entgegengewankt kommen!

Vielleicht sind die Urzeitriesen ja ganz friedlich und haben nur gute Erfahrungen mit Menschen gemacht. Leider lebt niemand der paar Irren mehr, die sich einem Mammut freundlich winkend entgegengestellt haben. Es dürfte daher klüger sein, sich doch zu verstecken, oder seid ihr auch nur ein paar Irre?

→ (39) **Jetzt wird's aber höchste Zeit. Ihr springt in ein Gebüsch.**

→ **Zornig rennt Ung** der großen Spur nach. Gut die Hälfte der Männer hat sich dem Ältesten der Gruppe angeschlossen und nicht ihm. Glück für euch, dass ihr ihm gefolgt seid – wer weiß, was er sonst mit euch drei Neulingen gemacht hätte.

Jetzt versucht ihr, mit ihm mitzuhalten. Hektor, eure Sportskanone, hat kein Problem damit. Ihr anderen beiden schon. Weil die Waffen der Steinzeitmenschen so einfach sind, müssen sie sich oft auf ihre körperlichen Vorzüge verlassen. Antilopen oder Hirsche jagen sie oft, indem sie sie zu Tode hetzen. Du musst also nicht glauben, dass ihnen allzu bald die Puste ausgeht.

Als dir schon schwarz vor Augen wird, hält Ung plötzlich an. Die Spur vermischt sich mit anderen Abdrücken. Hier ist einer der Wanderpfade großer Tiere.

Jetzt kommen auch endlich die großen Knochen zum Einsatz, die zwei der Männer seit dem Bad im Fluss mit sich herumschleppen.

„Bisonschulterblätter", erkennt Hektor.

Diese breiten, flachen Knochen benutzen die Männer wie Schaufeln. Quälend langsam graben sie sich damit in die fest gestampfte Erde ein.

In der Zwischenzeit hat Ung einen dicken Feuerstein gefunden und wirft ihn einige Male krachend auf einen Felsen. Die scharfkantigen Abschläge, die so entstehen, prüft er mit kritischem Blick. Einige wirft er vor sich hin und legt den Rest auf einen Haufen. Nun benutzt er einen zweiten Stein wie einen Hammer, um ihre Kanten schmaler zu machen. Schlag für Schlag splittern feine Teilchen ab. Als er mit dem Resultat zufrieden ist, zieht er aus einem Beutel ein Stück Hirschgeweih.

„Das ist im Feuer gehärtet“, flüstert Hektor. „Jetzt kann er es wie einen feinen Hammer einsetzen.“

Tatsächlich klopft Ung zielstrebig auf dem Stein herum, anschließend schabt er mit einem Knochen die Kante scharf zu. Grinsend reicht euch Ung seine Waffe. Ihr sollt sie prüfen!

„Taugt wohl nur zum Butterbrotschmieren“, meint Theo und greift nach dem Keil.

Reflexartig zieht er die Hand wieder zurück. Ein Tropfen Blut quillt aus seinem Daumen.

„Mann, das Ding ist ja scharf wie eine Rasierklinge!“, staunt er.

Hektor nickt.

„Klar! Faustkeile gibt’s doch schon ewig. Ständig wurden sie weiterentwickelt. Für unterschiedliche Zwecke benutzten die Steinzeitmenschen verschiedene Werkzeuge.“

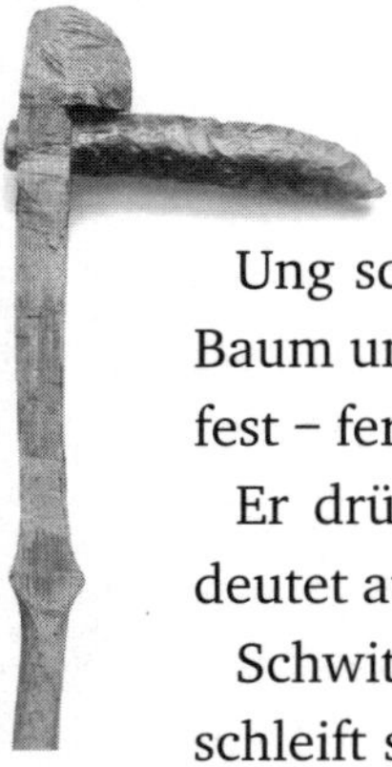

Ung schneidet nun eine junge Weidenrute vom Baum und bindet damit den Stein an einem Stock fest – fertig ist die Axt!

Er drückt sie euch grunzend in die Hand und deutet auf ein paar Bäume.

Schwitzend fällt ihr die jungen Birken und schleift sie zu den Männern zurück. Die Jäger haben mittlerweile mit den Bisonschulterblättern eine mannstiefe Grube ausgehoben. Ung spitzt eure Baumstämme mit wenigen Axthieben zu und rammt sie in die Grube. Jetzt sind es gefährliche Spieße! Die Männer legen dicke Äste und Laub darüber. Die Falle ist perfekt!

Die Jäger beseitigen geschickt auch noch die kleinste Spur und legen sich im Gebüsch auf die Lauer. Ung rupft ein paar Haare aus seinem Pelz und wirft sie in die Luft. So prüft er die Windrichtung und legt eure Position fest, damit eure Beute den Menschengeruch nicht wittern kann.

Schon nach wenigen Minuten habt ihr Glück. Ein riesiges Wollnashorn trampelt seinen gewohnten Pfad durch die Buschlandschaft entlang. Es ist um einiges größer als die Nashörner, die du aus dem Zoo kennst, und am ganzen Körper dicht behaart. Vor eurer Falle bleibt es zögernd stehen, tappt aber dann hinein. Brüllend und schnaubend sackt es einen Meter in die Tiefe. Heulend springen auch die Jäger aus ihren Verstecken und bewerfen das Tier mit ihren Lanzen und mit dicken Felsbrocken. Der Dickhäuter hat keine Chance. Mit geübten Handgriffen hieven die Jäger das Tier aus der Grube, zerteilen ihre Beute in gleich große Stücke und wuchten sie sich auf die Schultern.

„Ich glaube nicht, dass die jetzt zu ihren Frauen und Kindern gehen", sagt Theo. „Wir sollten schnurstracks loslaufen und nach dem Jungen suchen."

Hektor zeigt ihm einen Vogel.

„Du willst ja nur kein blutiges, warmes Nashornfleisch tragen", schimpft er. „So eine Chance, den Jungen zu finden, bekommen wir nie wieder!"

Tja, schwere Entscheidung ...

→ 70 **Ihr geht mit der Gruppe mit.**

→ 88 **Ihr sucht die Sippe doch lieber allein.**

→ **Von Lehm und Schlamm verschmiert,** lauft ihr auf die Steinzeithorde zu. Zwölf Männer habt ihr gezählt.

Kurz bevor ihr bei ihnen ankommt, bleibt Hektor abrupt stehen.

„Was ... was sollen wir denn machen, wenn wir bei ihnen sind?“, stammelt er nervös.

Theo und du starrt euch verwundert an. Solche Unsicherheit kennt ihr bei eurem Freund gar nicht. Dann geht Theo ein Licht auf. Dies ist euer erstes Abenteuer, bei dem er die Fremden nicht mit seinen Sprachkenntnissen überlisten kann. Von einer Sprache des frühen Homo sapiens ist nichts bekannt, also konnte noch nicht einmal euer Superhirn sie lernen.

„Da siehst du mal, wie es uns immer ergeht“, sagt Theo.

Dann seid ihr umringt von den Steinzeitjägern. Wenn du sie dir als plumpe, dumme Zeitgenossen vorgestellt hast, warst du auf dem Holzweg. Zwar sind ihre Gesichter etwas gröber als eure, aber ihre Augen strahlen gesunde Neugier, Intelligenz und Friedfertigkeit aus. Wie ein nackter Affe wirkt keiner.

Alle haben schwarze Haare und einen Lendenschurz. Sind vom Leben in der Natur braun gebrannt und besitzen Muskeln wie Zehnkämpfer bei den Olympischen Spielen.

Der Größte trägt zudem ein Lederband mit spitzen Zähnen als Kette um den Hals. Er scheint der Anführer zu sein. Andere tragen einfache Beutel – die Nadel wird erst in knapp 20 000 Jahren erfunden.

Der Anführer greift nach Hektors Brille. Unter amüsiertem Gebrüll seiner Kumpane versucht er, sich die Sehhilfe auf die Nase zu setzen. Als sich Hektor nicht wehrt, betasten sie auch euch. Besonders Theos blonder Wuschelkopf hat es ihnen angetan. Jeder reißt ihm ein paar Haare aus und beschnuppert sie.

Urplötzlich packen euch die Männer und drücken euch vor ihrem Anführer auf die Erde.

Theo wird es jetzt zu bunt.

„Das lass ich mir nicht länger bieten. Wir sind doch nicht im Zoo!“ Er möchte aufstehen und den Menschen per Zeichensprache erklären, was ihr alles wisst. Hektor möchte lieber abwarten.

→ (38) **Ihr wartet ab.**

→ (63) **Ihr erteilt ihnen eine Lehrstunde.**

→ **Du siehst es eurem Superhirn an:** Gern beugt er sich nicht deiner Entscheidung, aber schließlich seid ihr drei ein Bündnis. Theo hätte sicher auch ohne Widerrede deinen Wunsch akzeptiert ... Oder vielleicht doch nicht?

Jetzt allerdings grinst er wie ein Honigkuchenmammut und zieht Hektor wie üblich auf:

„An dir ist ja ein echter Pelzer verloren gegangen!“

Hektor verdreht die Augen.

„Kürschner heißen die Pelzmacher! Gut, dass ich das hier übernehmen darf, du hättest das Fell sicherlich ruiniert.“

Hektor umrundet das Tier, kniet sich hin und zuckt mit den Schultern. Wo soll er beginnen?

Dann blitzt in seinen Augen eine Idee auf. Bei den nahen Felsen findet er einen flachen, scharfkantigen Stein. Damit schabt er die Tierhaut Zentimeter für Zentimeter vom Körper des Ochsen. Nach einiger Zeit liegen vier Fellstücke vor euch, die Hektor sauber bearbeitet hat.

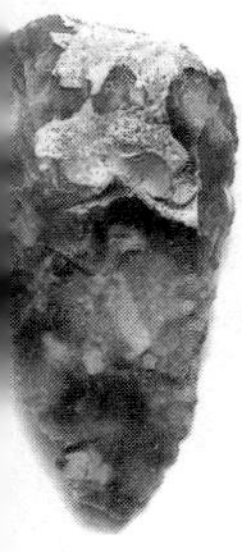

Mit dem Faustkeil bohrt ihr Löcher in das dicke Leder, und mit langen Gräsern näht ihr drei Lappen zu Lendenschurzen zusammen und zieht sie an. Aus dem vierten fertigt ihr einen Beutel, in dem ihr eure Kleider und den Keil verstaut.

Jetzt seht ihr fast aus wie echte Steinzeitmenschen. – Und wie wollt ihr eure „Sippe“ finden?

„Wir gehen den Mammuts hinterher“, schlägt Theo vor. „So sind wir sicher, dass sie uns nicht überrennen.“

Klingt nach einer guten Idee, aber Hektor ist anderer Meinung.

„Nein, wir gehen in die Richtung, aus der sie gekommen sind. Vielleicht sind sie vor Menschen geflohen.“

Hört sich auch logisch an.

Wieder einmal bleibt es an dir hängen, die Entscheidung zu fällen.

→ (22) **Ihr folgt den Mammuts.**

→ (76) **Ihr geht in die entgegengesetzte Richtung.**

→ **Leichter gesagt als getan!** Schon nach wenigen Metern verliert sich die Fußspur im hohen Gras. Nun müsst ihr euch selbst einen Pfad bahnen durch die unwegsame Steppe. Der zerklüftete Felsboden macht euch das Gehen schwer. Schließlich seid ihr barfuß unterwegs!

Doch ihr scheut keine Plagen und Mühen. Vorsichtig bahnt ihr euch euren Weg durch das Buschwerk.

„Hört ihr das auch?“, fragt euch plötzlich euer Superhirn und bleibt stehen.

Verdächtiges Rascheln, fast lautlos, dringt an euer Ohr.

„Auweia, wenn das kein Säbelzahntiger ist, will ich ab morgen Karl-Heinz-Willibald heißen!“, ruft Hektor aufgeregt. „Los, nix wie weg von hier!“

Er möchte ins Tal rennen. Vielleicht lässt euch der Säbelzahntiger in Ruhe, wenn ihr sein Revier verlasst?

„Unmöglich“, meint Theo. Er will das Raubtier besiegen, eine andere Chance sieht er nicht.

Hört sich eigentlich auch unmöglich an, oder?

→ (62) **Los dann! Ab ins Tal!**

→ (113) **Los dann! Zeigt, was in euren Armen steckt!**

→ **Merkwürdig,** das Geräusch scheint plötzlich verschwunden zu sein. Oder doch nicht? Neugierig und mit aufgesperrten Lauschern folgt ihr dem Knacksen im Gehölz bis zum Fluss, der die Talsenke durchfließt. Plötzlich bedeutet euch Hektor, schnell in Deckung zu gehen. Keine Sekunde zu früh, denn ein einzelner Mammutbulle stapft durch das Tal.

„Ich hab's geahnt!", flüstert Hektor aufgeregt. „Es ist wie bei den Elefanten: Die Herde besteht nur aus Weibchen und Jungtieren, die Männchen streifen als Einzelgänger umher."

Endlich könnt ihr so ein Tier in Ruhe betrachten: Der Bulle ist lang wie ein Kleinbus, nur um einiges höher. Sein gesamter Körper ist mit langen, dunkelbraunen Zotteln behangen, die ihn auch in der kalten Eiszeit warm halten. Seine Ohren sind als Schutz gegen die Kälte sehr klein, und in seinem Nacken wölbt sich ein speckiger, dicht behaarter Höcker. Am auffälligsten sind natürlich seine gewaltigen Stoßzähne, mit denen er gerade lustlos die Erde umgräbt und sich mit dem Rüssel ein paar Wurzeln ins Maul schiebt.

„Mann, ich brech ab!", jauchzt Theo. „Das werden mir meine Enkel nie glauben!"

Über dem Staunen hat er wohl vergessen, sich

ruhig zu verhalten. Pech, denn diesem Mammutmännchen scheint eure Anwesenheit nicht zu passen. Vielleicht hat ihm ein Homo sapiens schon einmal übel zugesetzt?

Wütend wirft der Bulle seinen Kopf in den Nacken, trompetet wild und trampelt los, direkt auf euch zu.

„Schnell, zu den großen Felsen da drüben!“, brüllt Hektor und läuft los. „Da kommt der Riese nicht drüber!“

„Nein, lieber durch die Baumgruppe!“, keucht Theo in vollem Lauf. „Zwischen den Bäumen bleibt er mit den Stoßzähnen bestimmt hängen!“

Mensch, überleg nicht so lang, hinter euch läuft ein M-A-M-M-U-T! Entscheide endlich!

→ (58) **Zu den dicht stehenden Bäumen, da bleibt er hängen!**

→ (49) **Zu den hohen Felsen, da kann er nicht drüber!**

→ **Glaubt ihr im Ernst,** ihr drei Kletterkünstler könntet einer wendigen Raubkatze entkommen? Hektor gelingt es noch, am Felsgipfel hinunterzuklettern und sich an der zerklüfteten Wand festzuhalten. Du tust es ihm nach. Theo kommt beinahe ins Rutschen und hätte euch um ein Haar mit in die Tiefe gerissen.

Währenddessen baut sich der Säbelzahntiger mit wenigen behänden Sprüngen vor euch auf.

Nach kraftraubenden Minuten steht ihr wieder den gebleckten Zähnen gegenüber. Nur geschwächter als zuvor ...

→ (113) **Vielleicht könnt ihr das Tier trotzdem besiegen. Ihr greift an!**

→ **Es war eure freie Entscheidung,** nun klagt nicht! Knirschend bedanken sich deine Knochen unter dem Gewicht der Fleischbrocken, dann wankt ihr Schritt für Schritt der Gruppe um Ung und Honk hinterher.

Stolz tragen sie die Felle ihrer Jagdbeute und freuen sich, bald in der heimatlichen Höhle zu sein.

Ein lang gezogenes Heulen lässt die gute Stimmung schlagartig umkippen.

Du kannst die Gefahr förmlich riechen und reißt den Kopf herum. Und wirklich: Auf einem der Felsen steht ein grauer Wolf. Mit dem Fleischgeruch in der Nase reckt er den Kopf in die Luft und lässt ein kehliges Heulen erklingen. Rasch erscheinen rund um euch herum weitere Wölfe. Ihr seid umzingelt!

Ung, Honk und die Männer werden nervös. Sie wollen ihre Beute weder verlieren noch teilen. Doch ihr Leben ist ihnen auch lieb. Aufgeregt stecken sie die Köpfe zusammen und geben hektische Grunzer von sich. Ung zeigt in die eine Richtung, Honk in die andere – die zwei benehmen sich ja fast so wie Hektor und Theo! Doch die drohende Gefahr scheint sie zusammenzuschweißen. Sie entschließen sich, gegen die Tiere zu kämpfen. Und was macht ihr?

Hektor will die Wölfe angreifen, bevor sie euch angreifen. Theo hingegen möchte lieber zwischen den Büschen abwarten und nötigenfalls das Fleisch verteidigen, während die Männer kämpfen.

→ (17) **Selbst ist der Mann! Ihr stürmt auf die Wölfe zu.**

→ (85) **Viele Köche verderben den Brei! Ihr wartet lieber hinter einigen Felsen ab, bis die Wölfe verjagt sind.**

Geduldig lasst ihr euch betasten und beriechen, bis die Männer zufrieden sind. Sie scheinen zu glauben, dass von euch keine größere Gefahr ausgeht. Bravo, gut gemacht!

Ihr großer Anführer sieht in die Ferne und grunzt: „Ung!“

Sofort sind die Männer wieder voll konzentriert. Sie beschmieren sich weiter mit dem Schlamm des Flusses, bis sie in ihrer Umgebung, der Steppe, kaum noch zu erkennen sind.

„So sehen also Vorbereitungen zur Jagd in der Steinzeit aus“, staunt Hektor.

„Jetzt fehlt nur noch ein Waldhorn, und alle rufen Halali“, sagt Theo lachend.

Du erinnerst die beiden daran, dass ihr einen achtjährigen Jungen finden müsst. Die Jäger hier sind alle älter. Was meinen deine beiden Freunde? Theo möchte sich den Männern anschließen, um nach der Jagd zu ihren Höhlen zu kommen. Hektor glaubt, solche Jagden könnten mehrere Tage dauern. Er möchte die Sippe lieber auf eigene Faust finden. Was tut ihr?

→ 68 **Jagen.**

→ 88 **Suchen.**

→ **Das Stampfen der Mammuts** kommt näher. Du bist natürlich neugierig, aber Hektor drückt deinen Kopf zu eurer aller Sicherheit tief nach unten ins schützende Gebüsch. Ihr könnt nur hoffen, dass euch die gewaltigen Tiere nicht wittern.

Wenige Zentimeter vor deiner Nase drückt sich ein riesiger Fuß nach dem anderen in die Erde. Es scheinen mindestens zwölf Mammuts zu sein, die da neben- und hintereinander hertrotten. Hoffentlich kommt keiner vom Weg ab, sonst seid ihr platt wie die Pfannkuchen. Theo hat ein noch größeres Problem: Seine Nase wird von der dichten Wolle der Mammuts gekitzelt. Bevor er niesen kann, schiebst du ihm zwei Bohnen von dem komischen Busch, in dem ihr sitzt, in die Nasenlöcher. Vor lauter Schreck schluckt Theo den Nieser runter.

Erst als das letzte Mammut verschwunden ist, traut ihr euch wieder, die Köpfe zu heben.

„Nielen Tank!“, nuschelt Theo und versucht, das Gemüse wieder aus seiner Nase zu popeln. „Netz ab ik hein Nannut genehn!“

„Bei den Mammuts können wir uns auch bedanken“, sagt Hektor und zeigt mit dem Daumen über seine Schulter.

Hinter ihm liegt ein halb verwester Auerochse. „Den hätten wir sonst wohl nicht gefunden!“

Keiner von euch hat eine Ahnung, was euer Superhirn mit dem Aas will.

„Das Fleisch interessiert mich nicht, aber denkt mal an die Beschreibung des Jungen, den wir suchen: Er trägt einen Lendenschurz aus Fell“, erklärt Hektor. „So einen sollten wir uns auch machen, damit uns niemand erkennt.“

Keinem von euch gefällt der Gedanke, einem Tier die Haut abzuziehen, das schon eine Woche lang tot ist. Aber einer muss es wohl tun.

„Ektor son es maken!“, meint Theo. Plötzlich niest er kräftig – und präsentiert euch freudestrahlend die beiden Bohnen.

„Ich finde, Theo weiß zu wenig über die Steinzeit. *Er* soll es machen, damit er mal ein bisschen was lernt“, meint Hektor kopfschüttelnd.

Mit deiner Entscheidung wirst du unweigerlich einen der beiden verärgern. Wen?

→ 30 **Hektor soll es machen. Er ist geschickter und hat mehr Kraft.**

→ 56 **Theo soll es machen. So kann er Neues entdecken, was euch allen nützlich ist.**

→ **In einem Affenzahn** hasten die Männer talwärts, in die Schlucht hinein. Wie die Gämsen finden ihre Füße auf dem rauen Untergrund sofort festen Tritt, ihr könnt nicht folgen.

Theo eiert über die spitzen Steine wie ein Wackeldackel, bei dir und Hektor sieht es nicht viel anders aus.

Schon nach wenigen Hundert Metern habt ihr sie verloren. Doch plötzlich tauchen sie am Fuße einer steilen Klippe wieder vor euch auf. Von oben dröhnt das Gebrüll der anderen Jäger zu euch herunter. Sie schwenken Fackeln – will man euch vor etwas warnen?

Nein, das Ganze ist nur eine besondere Jagdtechnik. Mit Krach und Feuer werden die Pferde auf die Klippe des Hochplateaus zugejagt, die aufgepeitschten Tiere springen in Panik die Felsen hinunter in die Schlucht – direkt vor eure Füße.

Vier Wildpferde habt ihr mit Honk und seinen Jägern erlegt. Eine stolze Beute!

Sie wird die Sippe mindestens eine Woche lang satt machen und sie außerdem mit warmen, weichen Fellen versorgen.

Doch zuvor müsst ihr die Tiere mit scharfen Steinen zerlegen, um sie nach Hause transportieren zu können. Keine Angelegenheit für zarte Seelchen!

Während ihr am Arbeiten seid, hört ihr plötzlich Lärmen und Grölen in der Schlucht. Ung und seine Jäger hatten ebenfalls Erfolg: Sie haben große Stücke Fleisch geschultert.

„Sieht so aus, als hätten sie ein echtes Wollnashorn erledigt“, sagt Hektor mit Blick auf das dichte, lockige Fell, das Ung stolz auf dem Rücken trägt. „Sicherlich mussten sie dafür eine Fallgrube ausheben“, ergänzt euer Superhirn.

„Ohne Schaufelbagger?“, fragt Theo entsetzt.

Ungs Jäger helfen euch, die Wildpferde zu zerlegen. Als alle Arbeit getan ist, bedeuten sie euch, dass auch ihr die kostbaren Fleischstücke schultern sollt. Eine Ehre!

→ (36) **Wohl oder übel tragt ihr das Fleisch.**

→ (82) **Zu viel der Ehre. Ihr baut lieber einen Karren aus Holz und zieht das Fleisch.**

→ **Zeit,** dass ihr euch mal wieder nützlich macht. Jeder von euch schultert ein Stück Fleisch und trägt es in den breiten Gang. Plötzlich öffnen sich die Felswände links und rechts, und dir steht vor Staunen der Mund offen: Die Kuppel der Höhle, die sich vor euch auftut, ist so hoch wie die einer Kathedrale. Die Wände zieren Gemälde von Auerochsen und Mammuts, Löwen und Antilopen.

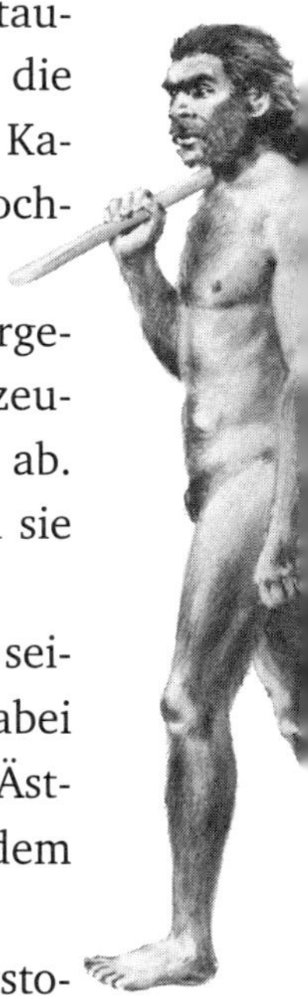

Auch in den Jägern ist eine Verwandlung vorgegangen: Ihre Augen glänzen, ihre Gesichter zeugen von Demut. Sie legen ihre Lendenschurze ab. Schlammig und vom Blut überströmt, hocken sie sich auf den nackten Felsboden.

Einer von ihnen lässt ein Stöckchen zwischen seinen Handflächen hin und her kreisen. Dabei drückt er es auf trockenes Moos und dürre Ästchen. Kurz darauf windet sich Rauch aus dem Moosbett, das Holz brennt.

Ung mischt geronnenes Nashornblut mit zerstoßenen Steinen zu einer haltbaren Farbe an.

Im gespenstisch flackernden Licht malt er neue Szenen an die Wände: Ein Wollnashorn hockt in einer Grube, Wildpferde stürzen in eine Schlucht, Wölfe werden bekämpft. Die Jäger umkreisen die Tiere.

„Hey, da bin ja ich!“, jauchzt Theo.

„Nee, das ist das Nashorn!“, feixt Hektor.

„Aber der da mit den vier Augen, das musst du sein“, schießt Theo zurück.

Du musst lachen. Das Männchen könnte tatsächlich Hektor sein. Ung grunzt und sieht dich strafend an. Du senkst lieber den Blick und hältst die Klappe. Keiner darf die Zeremonie stören!

„Auf diese Weise feiern sie ihr Jagdglück“, flüstert euer wandelndes Lexikon dir zu.

Wie auf ein Zeichen hin springen nun alle Männer auf. Stampfend und trampelnd hüpfen sie um das Feuer und stimmen ein Lied aus Gurgel- und Grunzlauten an.

„Daraus soll mal unsere Sprache werden?“, wundert sich Theo.

Dann aber tanzt ihr mit, bis es draußen bereits langsam dunkel wird. Die Zeit rennt euch davon! Nur gut, dass sich auch die Mägen der Steinzeitjäger knurrend melden. Den Tieren ist lange genug gedankt worden, so scheint es. Jetzt wollen die Männer alle gemeinsam aufbrechen und mit ihren Familien die Beute verspeisen.

Die unverletzten Jäger nehmen unter der Führung von Ung eine gefährliche Abkürzung durch die Höhle. Die Fleischträger und die Kranken, die sich nicht verteidigen können, folgen Honk auf dem längeren, aber sichereren Weg über den Berg. Wo geht ihr mit?

→ (90) **Sicher ist sicher. Ihr wählt den langen Weg.**

→ (106) **Kurz ist kurz. Ihr wählt den gefährlichen Weg.**

→ **Als ihr zaghaft** wieder die Augen öffnet, ist alles ruhig. In einiger Entfernung seht ihr ... das Mammut. Klar, es hat sich wohl kaum in Luft aufgelöst!

Doch die Szene, die ihr nun zu sehen bekommt, ist einzigartig: Statt Theo aufzuspießen, beschnüffelt das Ungetüm diese drei Gestalten, die entfernt an jene Exemplare des Homo sapiens erinnern, die ihn als kleines Mammutbaby aus dem Sumpf gezogen hatten.

Liebevoll wickelt es seinen Rüssel um Theos Bauch und hebt ihn sich auf den Rücken.

„So ein friedlicher Koloss!“, flüsterst du.

Hektor grinst. Die Anspannung fällt von ihm ab. „Wen von den beiden meinst du denn damit?“, feixt er.

Dann werdet auch ihr auf den Rücken des Mammuts gehoben. Das lange Haar kitzelt an euren nackten Beinen.

„Bulli und ich sind schon die besten Freunde“, verkündet Theo strahlend. „Passt mal auf!“

Er bricht einen Ast von dem Baum neben euch ab und wirft ihn weit von sich.

„Los, Bulli, hol’s Stöckchen!“ Als nichts passiert, wird Theo rot. „Aber sonst versteht er alles.“

Zum Beweis legt er die Beine hinter die Ohren des Riesen und drückt. Das Mammut wendet und trottet langsam immer am Fluss entlang. Nun beginnt eine der seltenen Rundreisen der Steinzeit.

Bulli, wie ihn Theo getauft hat, stampft gemütlich durch den kleinen Birkenwald und die angrenzende Steppe.

Eine Herde Wildpferde nimmt vor euch Reißaus. Schnaubend fliehen die Tiere über die Wiesen. Ein Auerochse mit gebogenen Hörnern stört sich weniger an Mammuts. Im Fluss springen dicke, lachsähnliche Fische in hohem Bogen aus dem Wasser und verschwinden gleich darauf wieder.

Plötzlich reißt Theo seinen Bulli an den wolligen Haaren. Hinter einem Felsen glaubt er einen Steinzeitmenschen, vielleicht auch mehrere, gesehen zu haben!

„Wir reiten hin!“, schlägt Theo vor. „Dann tut uns keiner was.“

Hektor meint, ihr solltet euch besser anschleichen, damit sich diese Leute nicht zu Tode erschrecken. Und was glaubst du?

→ 92 **Ihr reitet hin.**

→ 54 **Ihr steigt ab und schleicht euch an.**

→ **Ihr wendet euch** von der Schlucht ab und sucht im niedrigen Gebüsch nach, ob es nicht doch Hinweise auf Menschen in der Nähe gibt.

Ein Ruf schreckt Hektor und dich auf.

„Guckt mal, wie niedlich, diese kleinen Bärenjungen!“, ruft Theo und wirft die zwei wie Teddys in die Luft.

Ein Brummen hinter euch macht klar, wer als Nächstes in die Luft geworfen wird. Ein Braunbär ist größer als ein Kragenbär, ein Grizzly größer als ein Braunbär und ein Höhlenbär der Eiszeit übertrifft sie alle bei Weitem. Die Bärenmutter stellt sich auf die Hinterbeine, und der Himmel verfinstert sich. Obwohl Theo die Jungen sofort in Ruhe lässt, wird das Raubtier nicht zum Lämmchen. Mit der Wut einer Mutter stürzt sich die Bärin auf euren Freund. Hektor tritt einen kleinen Baum um und läuft damit wie mit einem Rammbock auf die Bärenmutter zu. Für einen Augenblick ringt sie um Atem. Jetzt heißt es, die Beine in die Hand nehmen.

→ (103) **Rennen, rennen, rennen! Ihr sucht den Schutz der engen Schlucht auf.**

→ **Behände wie die Hirsche** flitzt ihr am Ufer entlang und springt auf die hohen Felsen.

Doch euer Mammut gibt nicht auf. Klar, platt trampeln kann euch der Bulle nicht mehr. Aber mit seinem langen Rüssel reicht er hoch hinauf. Fast hat er dich mit seiner Rüsselspitze am Lendenschurz erwischt und vom Felsen geangelt, doch mit einem kräftigen Schlag kannst du dich wieder befreien. Als du seinen Atem schon im Nacken spürst, kommt der – vielleicht? – rettende Schrei von Hektor.

„Eine Höhle! Klettern wir hinein!“

Theo hat gleichzeitig entdeckt, dass sich eine tiefe, meterlange Spalte durch die Felsen zieht, die das Mammut nicht überqueren kann.

„Los, drüberhüpfen!“, schnauft er.

Hüpfen oder klettern, das ist hier die Frage.

→ (74) **In die Höhle kann auch das Mammut nicht folgen, ihr klettert hinein und verschließt den Eingang zur Sicherheit mit Steinen.**

→ (87) **Über die Felsspalte kann das Mammut nicht springen. Ihr nehmt Anlauf …**

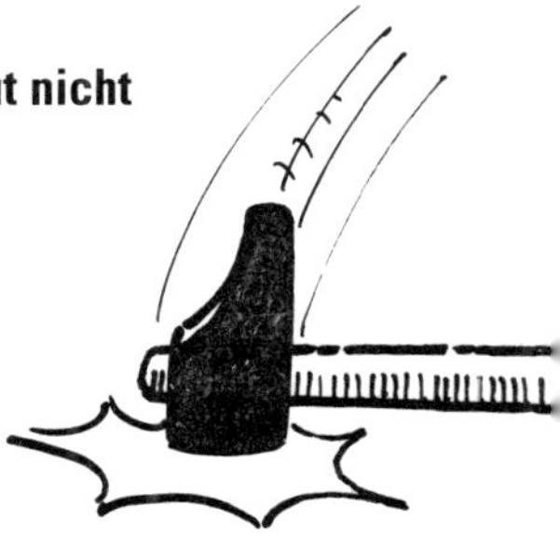

→ **Schwimmen kann** eine sehr erholsame und gesunde Sportart sein – wenn man sie nicht gerade in einem wilden Gebirgsbach ausübt. Das Geröll hat den Bach wie ein Staudamm abgeschnitten. In dem so entstandenen Becken steigt der Wasserspiegel von Sekunde zu Sekunde an. Wenn ihr nicht in den nächsten fünf Minuten um die Lawine herumgeschwommen seid, wird euch das Wasser über die Geröllmauer hinweg in die Tiefe reißen.

Theo hält einen Zeh ins Wasser.

„Brrr, viel zu kalt! Keine zehn Mammuts kriegen mich da rein!"

Du tust es ungern, aber es muss sein: Ein gezielter Tritt in den Allerwertesten, und Theo ist gezwungen zu schwimmen.

Hektor geht freiwillig. Der Bach hat einen ausgerissenen Baum angeschwemmt. Eure Sportskanone schiebt ihn mit wenigen Schwimmzügen ans Ufer.

Die Männer verstehen sofort. Einer nach dem anderen legt die Fleischlappen auf das Behelfsboot. Der Mann, der bei der Jagd so schwer verletzt wurde, kann auch nicht mehr und legt sich daneben. Die Gesunden springen ins Wasser, und alle zusammen steuert ihr den Wurstexpress ans gegenüberliegende Ufer.

Kaum habt ihr alles in Sicherheit gebracht, als hinter euch die Staumauer bricht. Tosend stürzen die Wassermassen in die Tiefe. Auch die Stelle, wo ihr bis eben noch gestanden habt, wird völlig überflutet.

„Schubsen hättest du mich trotzdem nicht müssen!“, nölt Theo beleidigt.

Etwas Positives bringt die Lawine allerdings mit: Fische, groß wie Lachse, springen in hohem Bogen aus dem Wasser. Zwar wollen die Jäger heim zu ihren Familien, aber so leichte Beute wollen sie nicht entkommen lassen.

„Fisch schmeckt mir sowieso nicht“, meckert Theo. „Da mach ich nicht mit!“

Er will sich lieber etwas ausruhen und nachdenken, wie ihr den Jungen finden könnt, um ihm den Faustkeil zu übergeben.

Hektor ist anderer Meinung. Er will den Männern beim Fischfang helfen.

→ 94 **Klarer Kopf ist Goldes wert! Ihr feilt gemeinsam an einem Plan.**

→ 64 **Guter Freund ist Goldes wert! Ihr krempelt die Lendenschurze hoch, und ab ins Wasser.**

→ **Mit jedem Schritt** wunderst du dich mehr. Diese Steinzeitmenschen leben gar nicht in Höhlen, wie du immer gedacht hast. In der Talsenke sind zwölf zeltartige große Hütten aufgebaut. Über dicke Stangen aus Holz oder Mammutzähnen haben die Frauen Tierfelle geworfen.

Jede Hütte verfügt über eine Feuerstelle aus flachen Steinplatten. Sie sind so heiß, dass man darauf Fleisch garen kann wie in einer riesigen Pfanne!

In der Mitte des Zeltdorfes gibt es einen Platz für ein großes Feuer, wohl für gemeinsame Feste.

„Die Mehrzahl der Steinzeitmenschen waren, äh, sind Nomaden“, weiß Hektor. „Je nach Jahreszeit ziehen sie den wandernden Beutetieren hinterher, das sichert ihnen die Nahrungsgrundlage und somit das Überleben.“

Alle Männer sind zurückgekommen! Jubelnd stürzen die Frauen und Kinder aus den Zelten heraus. Als würden sie von ihren heimkehrenden Vätern ein Spielzeug erwarten, hüpfen die Kleinen um die Männer herum. Tatsächlich zieht fast jeder von ihnen eine saftige Frucht oder ein Stück Bienenwabe, prallvoll mit Honig, aus seinem Fellbeutel.

Die größte Freude bereiten natürlich die riesigen Fleischstücke. Das wird ein Festessen geben!

Mit flinken Fingern bereiten die Frauen handliche, saftige Braten zu. Währenddessen beginnen die Männer, die letzten Fleischfetzen von den Fellen zu schaben. Sie hängen eins nach dem anderen über die schwelende Glut in einem großen Zelt.

Die Kinder teilen sich in zwei Gruppen auf. Einige von ihnen bleiben im Lager, um bei den Vorbereitungen zu helfen. Die anderen verziehen sich in den Wald, vermutlich, um Beeren und Wurzeln zu suchen. Euer Problem: In beiden Gruppen ist ein etwa achtjähriger Junge. Welcher schließt ihr euch an?

→ (72) **Bloß nicht wieder schlachten! Ihr geht in den Wald.**

→ (109) **Bloß nicht wieder laufen! Ihr bleibt im Lager.**

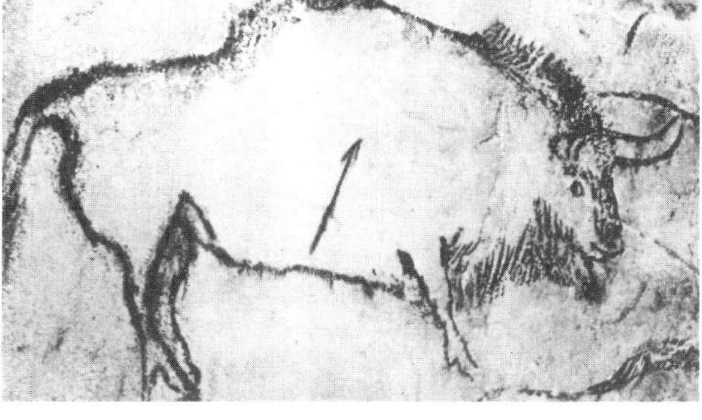

→ Geduckt lauft ihr durchs hohe Gras. Mit einer Träne im Auge schickt Theo seinem Bulli einen liebevollen Gedanken hinterher.

„Mach's gut, alter Junge!“, seufzt er.

„Hallo, Theo, aufwachen!“, säuselt Hektor und stupst euren dicken Kumpel an.

Sofort ist er zurück im Hier und Jetzt der Steinzeit. Ihr geht in die Knie und watschelt im Entengang vorwärts. Der Felsen, hinter dem Theo eine Gestalt gesehen hat, ist ungefähr einen halben Kilometer entfernt. Wenn das ein Fehlalarm war, habt ihr wenigstens ein Andenken an die Steinzeit: einen ordentlichen Muskelkater in den Oberschenkeln.

Als ihr vorsichtig den Felsen umrundet, fühlst du plötzlich etwas Warmes unter deinen Handflächen. Erloschene Glut! Vor wenigen Augenblicken muss hier noch ein Feuer gebrannt haben. Kleine Gerippe zeigen an, dass es Hasenbraten zum Mittag gab.

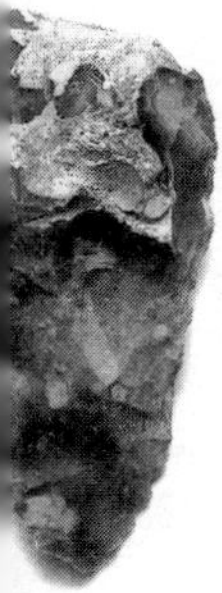

Tatsächlich! Nur einen Steinwurf von der Stelle entfernt stehen zwölf Männer mit dem Rücken zu euch in dem trägen Fluss. Bis auf einen Lendenschurz sind sie nackt.

Am Ufer liegen einige Lanzen und Keulen verstreut, einen Angriff von anderen Menschen erwarten sie offensichtlich nicht.

Wie auf ein Zeichen hin hocken sich alle ins sumpfige Wasser, schöpfen mit beiden Händen roten Schlamm und reiben sich damit ein.

„Kein Zweifel, sie sind auf der Jagd", weiß Hektor. „Durch den Schlamm sind sie perfekt getarnt, und außerdem verdecken sie damit ihren Menschengeruch, kein Tier bemerkt sie!"

„Dann machen wir es ihnen nach!", schlägt Theo vor. „Vielleicht erkennen sie uns nicht als Fremde, wenn wir genauso aussehen."

Hektor schüttelt den Kopf.

„Das nehmen die uns nie ab!", flüstert eure Sportskanone. „Wir gehen lieber direkt zu ihnen. Schließlich haben wir einiges mehr auf dem Kasten."

Diese Methode scheint dir auch nicht ganz sicher. Also, was sollt ihr tun?

→ (28) **Flussabwärts schmiert ihr euch auch ein und mischt euch unter die Steinzeitjäger.**

→ (112) **Der direkte Weg ist besser. Ihr legt euch flach auf den Boden und robbt langsam auf die Männer zu.**

→ **Knurrig geht Theo** zu dem toten Ochsen.

„Blöde Demokratie!“, nuschelt er, fügt sich aber deiner Entscheidung.

Bevor er das Tier auch nur anrührt, fährt er allerdings zurück, als habe er ein Gespenst gesehen.

„Da! Eine Fußspur!“

Weil ihr alle noch eure Schuhe anhabt, können die Abdrücke nur von einem fremden Menschen stammen. Mit anderen Worten: Ihr seid auf der richtigen Fährte!

Nun geht Theo die Arbeit plötzlich leicht von der Hand. Einem Steinzeitmenschen möchte er nicht in Hemd und Sandalen gegenübertreten. Er kramt den Faustkeil aus der Tasche, und im Nu hat er dem Vieh das Fell abgezogen. Drei Lendenschurze und ein zerfranster Beutel für eure Klamotten entstehen. Ohne zu zögern, stopft ihr eure Kleidung hinein.

Dann folgt ihr der Fußspur. Zwischen den Büschen bemerkt ihr noch weitere Abdrücke.

„Mann, ist das einfach!“, johlt Theo. „Das ist ja besser als jeder Wegweiser!“

„Wir müssen trotzdem auf der Hut sein“, warnt Hektor. „Während der Steinzeit gab, äh, gibt es nicht nur Eichhörnchen in unseren Wäldern.“

Wachsam wie die Luchse durchquert ihr eine mit

Gräsern und Büschen bewachsene Steppe. Außer ein paar Vögeln und einem murmeltierähnlichen Nager begegnen euch aber keine Tiere – zumindest seht ihr sie nicht.

Ein seltsames Muhen lässt euch kurz zusammenzucken, aber der Urheber dieses Geräuschs lässt sich nicht blicken.

Plötzlich trennen sich die Fußspuren. Ein Pfad führt schnurgerade hinauf auf nackte Felsen. Hier endet die Spur. Doch eine andere, viel kleinere Fußspur führt offenbar zu einem Fluss hinab, den ihr im Tal rauschen hört.

→ (95) **Theo voran, klettert ihr den Berg hinauf.**

→ (32) **Hektor voran, klettert ihr zum Fluss hinab.**

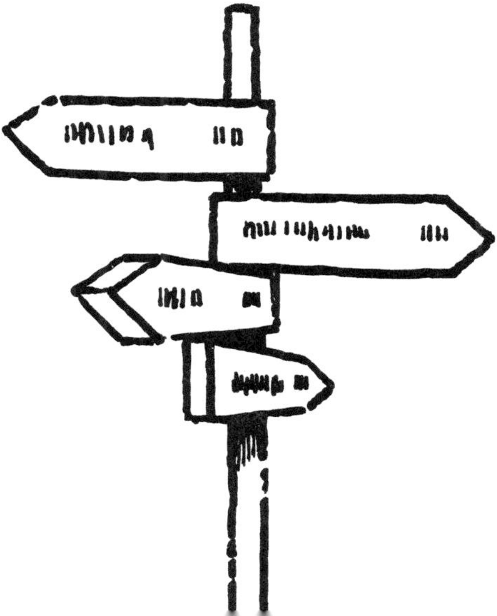

→ **Theo springt voran,** du und Hektor folgt. Die kräftigen Äste lassen euch nur langsam weiterkommen, für das Mammut scheint das aber kein Problem darzustellen. Mit seinen Hauern reißt es die Birken wie Gänseblümchen aus und kommt immer näher.

„Da, eine Höhle!“, ruft Hektor.

„Und wenn schon jemand drin ist?“, hechelt Theo zurück. „Wir bleiben einfach stehen, vielleicht sieht uns das Mammut nicht, wenn wir ganz still sind.“

Mmmm, deine Entscheidung steht eigentlich fest.

→ (74) **Natürlich rennt ihr zur Höhle! Um ganz sicher zu sein, schließt ihr sie sogar mit ein paar Steinen.**

→ (46) **Natürlich steht ihr still. Ihr schließt sogar die Augen.**

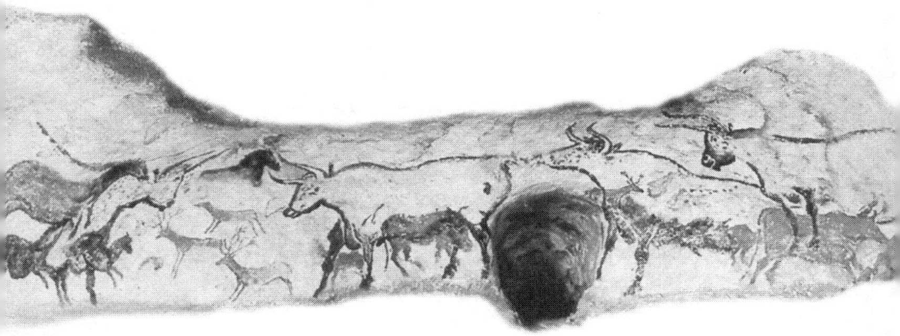

Der Gang der Höhle führt tief in den Berg hinein. Schnell tappt ihr im völligen Dunkeln. Hektor gelingt es, aus einem langen Ast und dem Ärmel von Theos Hemd eine notdürftige Fackel zu bauen. Nach einigen blau gequetschten Fingern entzündet sich der Lumpen an den Funken von zwei Feuersteinen.

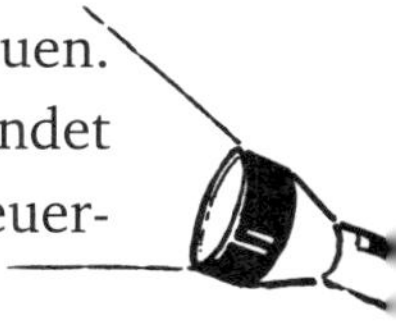

„Wow, wenn die merken, dass wir die Macht über das Feuer haben, werden wir bestimmt zu Stammesfürsten gewählt", sagt Theo begeistert.

Dann ist aber Schluss mit Übermut, denn schon nach wenigen Schritten teilt sich der Gang.

Links entdeckt Theo einen Faustkeil, rechts bestaunt Hektor das Gemälde eines Mammuts.

„Mann, ist das gut erhalten!"

Theo lacht. „Kein Wunder, ist ja auch erst ein paar Wochen alt."

Obwohl sich Hektor wegen seines Anfängerfehlers schämt, möchte er doch in den rechten Gang. Theo bleibt beim linken. Und du?

→ (78) **Hopp oder topp! Links!**

→ (19) **Topp oder hopp! Rechts!**

→ **Langsam legt sich** die Dunkelheit über das Lager der Steinzeitmenschen. Die Jäger haben sich ein wenig ausgeruht, jetzt geht das Festgelage los.

In der Mitte des Lagers schichten die Männer große Holzstämme auf. Mit der Glut aus den Zelten wird das Feuer angefacht. Ihr habt der Sippe am heutigen Jagdtag sehr geholfen, deshalb ist es überhaupt keine Frage, dass ihr beim Essen dabei seid.

Stücke des Wollnashorns werden in die Hitze gehalten und gebraten. Besonders beliebt sind Leber und die dicken Speckschwarten sowie Nieren, Herz und Lunge. Euch reicht Ung zum Glück etwas anderes.

„Mann, jetzt merke ich erst, dass ich seit 35 000 Jahren nichts gegessen habe!“, stöhnt Theo und versenkt seine Zähne in dem durchgebratenen Stück.

„Lass dir das Nashorngehirn gut schmecken, Theo!“, wünscht Hektor.

Angewidert sieht Theo auf den Brocken in seiner Hand. Statt ihn von sich zu schleudern, reicht er ihn mit einem Lächeln an Hektor weiter.

„Iss einfach, alles andere wäre sehr unhöflich“, sagt er grinsend. „Was heißt denn *Vegetarier* in Grunzlauten?“

Gut, dass es auch andere Nahrung gibt. Du hältst dich an Nüsse und Beeren und beißt ab und zu von einer Wurzel ab.

Deine Vorliebe für Pflanzen scheint dem alten Honk aufgefallen zu sein. Er reicht dir einen ausgehöhlten Stein mit einer zähen, grünen Masse.

„Der Mageninhalt der Pferde“, weiß Hektor. „Es riecht schlimmer, als es schmeckt, da man jede Menge Blut untergerührt hat.“

Trotzdem, fürchtest du, wird dieses Rezept so schnell in kein Kochbuch aufgenommen …

Nach dem Essen verlassen einige Kinder das Feuer und laufen auf einen Hügel. Ihr wollt mit, doch dummerweise bleibt einer der beiden achtjährigen Jungen bei den Alten. Aufteilen wollt ihr euch nicht, in wenigen Augenblicken könnte bereits der Löwe auftauchen. Also müsst ihr euch entscheiden.

→ 93 **Auf den Hügel, dem Jungen folgen!, wie Hektor vorschlägt.**

→ 110 **Im Lager bleiben, den anderen beobachten!, wie Theo wünscht.**

→ **Hinter euch schnauft** und kracht es, aber Umdrehen könnte wertvolle Sekunden kosten, und die habt ihr nun wirklich nicht zu verschenken. Im Schweinsgalopp rennt ihr bis zu dem Fluss, der die Talsenke durchfließt. Theo stellt sechs 100-Meter-Weltrekorde hintereinander auf.

Plötzlich stoppt Hektor. Außer schreienden Wildgänsen und dem plätschernden Wasser ist nichts mehr zu hören.

„Seht mal“, keucht Theo. „Selbst das Mammut da rührt sich nicht von der Stelle!“

Das *Mammut*? Meint Theo jenes Tier, das da am Ufer steht und jetzt den gewaltigen Kopf senkt und seine fünf Meter langen Stoßzähne auf euch richtet?

Zurück könnt ihr nicht, wer weiß, was für eine Bestie dort auf euch wartet.

„Dahinten sind große Felsen!“, brüllt Hektor. „Da kommt es nicht drüber!“

„Nein! Ich kann nicht mehr rennen“, stöhnt Theo. „Wir machen ein Feuer und verjagen es!“

→ (49) **Ihr sprintet zu den Felsen und hofft, dass das Mammut nicht folgen kann.**

→ (21) **Mit Feuersteinen macht ihr ein Feuer und hofft, das Mammut so zu erschrecken.**

→ **Übermut tut selten gut!** Aus Theo und Hektor sprudelt nun hintereinander und kreuz und quer alles heraus, was die heutige Menschheit weiß.

Hektor erklärt mit Händen und Füßen Quantentheorie und schwarze Löcher im Weltall, Theo mit Steinchen und Stöckchen die Abseitsregel in der Fußballbundesliga.

Grunzend hören ihnen die Männer zu.

Dann bringen sie auch euch etwas bei, was die Wissenschaftler bisher nur ahnten: Zu besonderen Anlässen waren die Steinzeitmenschen auch Kannibalen – wenn sie sich Kraft oder Wissen eines anderen Menschen aneignen wollten. Und mehr Wissen als ihr kann man in ihren Augen nicht haben.

Danke! Ihr habt die Menschheit um einen Riesenschritt weitergebracht!

→ ⊗ **Ein aufstoßendes ENDE.**

→ **Du staunst.** Die Fische lassen sich hier mit den bloßen Händen fangen. Doch Übung braucht es auch. Ihr drei stellt euch ziemlich ungeschickt an – die Viecher sind einfach zu glitschig. Die Jäger jedoch haben von Kindesbeinen an geübt. Ohne dass ihnen ein einziges Exemplar wieder aus den kräftigen Händen springt, ziehen sie Fisch um Fisch aus dem kalten Wasser.

Keine zehn Minuten später zappelt ein Dutzend von ihnen auf dem schmalen Grat der Klamm. Die Männer schlitzen sie mit spitzen Steinen auf, nehmen sie aus und bohren ein Loch in die Schwanzflosse. Hierdurch fädeln sie feste Schnüre aus Darm, die sie immer bei sich tragen. Honk wirft sich das Bündel über die Schulter, und schon geht ihr weiter.

„Boah, auf dem Markt kriegen die bestimmt ’n Haufen Kohle für so viele frische Fische“, glaubt Theo.

Hektor verdreht die Augen. „Hier gibt’s doch noch gar kein Geld“, stöhnt er.

„Doch, klar“, meint Theo stolz. „Hast du in Geschichte nicht aufgepasst: den Neander*taler*!“

Hektor spart sich eine Antwort.

Nach einer weiteren Stunde beschwerlichen Fußmarschs durch die Schlucht und über grasige Abhänge seht ihr drei Rauchsäulen aus einem windgeschützten Tal aufsteigen.

Hier scheint die Sippe zu wohnen.

→ 52 **Tief durchatmen, jetzt wird's ernst. Ihr geht mit den Jägern auf die Rauchsäulen zu. Dort werdet ihr den Jungen gewiss finden, wie Hektor meint.**

→ 98 **Ihr nähert euch der Sippe lieber erst, wenn Ung den Familien von euch berichtet hat. So kann er euch beschützen, wie Theo vorschlägt.**

→ **Die übrigen Fackeln** erhellen den flachen Gang der Höhle nur sehr spärlich.

Ung, der große Anführer, kniet vor dem Geröllhaufen nieder. Tränen kullern ihm aus den Augen und tropfen auf seine dreckige Brust. Dann nimmt er die Kette mit den Zähnen von seinem Hals und legt sie auf den Haufen.

Hektor ist es peinlich, diesen berührenden Moment zu stören, aber er muss sein Wissen loswerden: „Lange Zeit war ein Toter einfach ein Mensch, der nicht mehr da war. Erst später entwickelte sich ein Gefühl für Verstorbene. Unter den Steinen dort liegt vielleicht ein Baby, das die Sippe nicht ernähren konnte. Die Eltern mussten es umbringen, zum Wohle aller!“

Du hast atemlos zugehört. Mehr denn je bist du froh, nicht in der Steinzeit zu leben.

Als Ung aufsteht, folgt ihr ihm wortlos.

Plötzlich ertönt ein Donnern, es staubt fürchterlich, aber wie durch ein Wunder bleiben die Fackeln an. Ung und die Jäger drücken sich mit dem Rücken an die Höhlenwand und gehen in Abwehrstellung. Als die größten Staubwolken verzogen sind, gehen sie vorsichtig weiter.

Unzählige Windungen und Abzweige der Höhlengänge später stoßt ihr auf den Bulligen. Seine

Fackel ist erloschen, der Ausgang verschüttet. Jetzt wisst ihr, dass das Donnern zu einem Erdrutsch gehörte. Wahrscheinlich ist draußen in der Schlucht eine Geröllawine abgegangen.

Es wird eine Mordsarbeit, den Gang wieder freizulegen.

→ 105 **Jetzt heißt es: in die Hände gespuckt und aufgeräumt!**

→ 94 **Jetzt heißt es: bloß nicht noch mehr körperliche Arbeit. Ihr denkt lieber darüber nach, wie ihr schnellstmöglich den Jungen findet.**

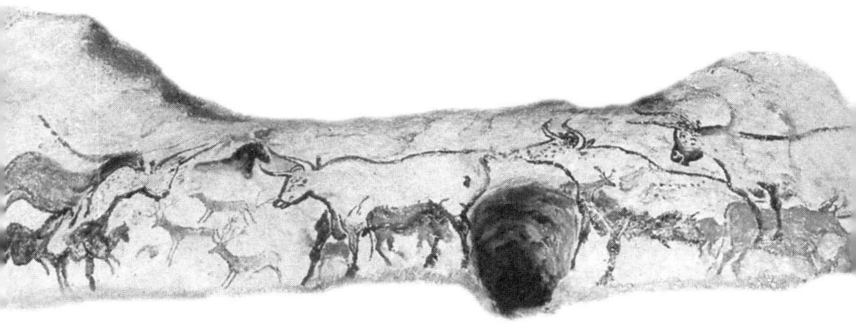

→ **Gut, ihr wollt also jagen.** Der große Anführer grunzt erneut „Ung!“ Die Meute setzt sich in Bewegung. Du hast die Chance, die Steinzeitmenschen aus der Nähe zu betrachten. Wie heutzutage auch, unterscheiden sie sich auf den zweiten Blick alle voneinander. Einer hat längere Haare, der andere eine plattere Nase. Die Alten sind allerdings genauso muskulös wie die Jungen. Bei wichtigen Entscheidungen schauen die Jungen danach, was die Alten machen – selbst der Anführer.

„Auf ihre Weise geben auch die Steinzeitmenschen ihrem Nachwuchs Erfahrungen und Wissen weiter – wenn auch ohne Sprache und Bücher“, weiß Hektor.

„Ohne Sprache und Bücher! Boah, das sollten wir auch mal unserem Klassenlehrer vorschlagen, wenn er uns wieder ein Diktat schreiben lassen will“, feixt Theo.

Der Anführer grunzt ihn böse an. Ihr seid auf der Jagd und nicht beim Säbelzahntigerkarneval, soll das wohl heißen.

„Ich finde, dieser Ung übertreibt ein bisschen“, flüstert dein Kumpel dir zu. „Hier ist doch weit und breit nicht die kleinste Maus!“

Kaum hat Theo zu Ende gesprochen, als Ung niederkniet. Im Schlamm sind deutlich zwei Spuren

zu erkennen: eine beinahe kreisrunde große und eine hufförmige kleine.

Die Männer grunzen durcheinander. Offensichtlich sind sie sich genauso uneinig wie Theo und Hektor. Ung, wie Theo den Anführer genannt hat, will der großen Spur folgen. Der Älteste der Sippe zeigt hingegen in die Richtung der kleinen Spur und brüllt hektisch „Honk!“ Endlich könnt ihr mal gemeinsam beraten. Wem folgt ihr?

→ (24) **Ung, denn er ist der Anführer.**

→ (81) **Honk, denn er ist der Weiseste.**

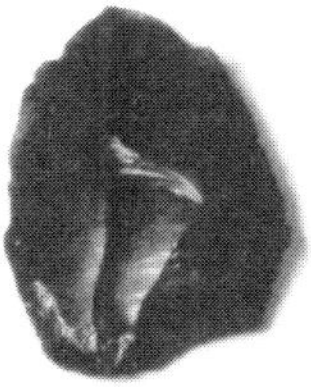

→ **Im Gänsemarsch** trottet ihr Ung und seinen Jägern hinterher. Trotz der Kälte kommt ihr schnell ins Schwitzen: Die Fleischstücke auf eurem Rücken sind schwer wie zwei Säcke Beton! Ung scheint das gar nichts auszumachen: Er lärmt freudig in allen Tonarten. – Vermutlich eine Vorstufe menschlichen Gesangs.

„Ung!“, schreit er glücklich, immer wieder: „Ung!“

„Ich … hoffe … wir … gehen … zu … der … Sippe!“, stöhnt Hektor.

Richtig gehofft. In einem schmalen Tal, das von hohen Felsen umgeben ist, bleibt der Anführer schlagartig stehen und wirft das Fleisch von sich. Allerdings nicht, weil ihr an eurem Ziel angekommen seid.

Der Weg durch die enge Schlucht ist versperrt von Honk und seinen Kriegern – und einem Berg erlegter Wildpferde!

„Sicherlich haben sie die Tiere in einer Treibjagd über das Hochplateau auf die Schlucht zugetrieben“, meint Hektor und deutet auf die Klippen über euch.

Noch bevor du dir allzu lange Gedanken darüber machen kannst, was der Tierschutzverband dazu wohl sagen würde, machen sich die Männer daran, ihren Sippenangehörigen bei der Arbeit zur Hand zu gehen. Natürlich helft ihr dabei, die Tiere vorsichtig zu zerlegen und das Fell abzuschaben. Als ihr fertig seid, bedeuten euch die Männer grinsend, dass ihr gerne noch ein bisschen Pferdefleisch aufs Nashornfilet draufpacken dürft.

„Es ist eine besondere Ehre, eine solch kostbare Fracht tragen zu dürfen", erklärt euch Hektor.

„Toll, ich krieg schon langsam Blasen auf dem Buckel", nölt Theo. „Lasst uns lieber einen Wagen bauen, auf dem wir das Zeug abtransportieren."

→ (36) **Ehre, wem Ehre gebührt. Ihr schleppt.**

→ (82) **Warum sich das Kreuz verrenken? Ihr baut.**

→ **Die Kinder rennen fröhlich** in den Wald. Sie freuen sich, dass sie auch etwas zu dem Festessen beisteuern können.

Im Schatten der Birken und Eichen schwärmen sie aus. Ihr haltet euch nahe bei dem Achtjährigen, aber wie sollt ihr herausfinden, ob er in einer knappen Stunde von einem Löwen angefallen werden wird?

Alle tun hier unterschiedliche Dinge: Einige sammeln Pilze, andere zupfen reife Beeren von den Sträuchern, ein besonders mutiges Mädchen zieht sogar mehrere Waben Honig aus einem hohlen Baum und entzieht sich der Bestrafung durch die wütenden Bienen durch einen Sprung in den Bach.

Theo scharrt im Dreck. Nach mühevollen Minuten hält er nur eine verkrüppelte Wurzel in der Hand.

„Na klasse, ich finde mal wieder nix!“, knurrt er und wirft die Wurzel hinter sich.

Sofort stürzen sich drei Kinder darauf: Wilde Gnorrgg-Wurzel, eine Delikatesse!

Als du und Hektor vom Beerensammeln zu der Meute zurückkehrt, hat Theo alle Kinder um sich geschart. Er winkt euch schon gut gelaunt von Weitem zu.

„Ich habe mir durch den Kopf gehen lassen, was

du über ihre Sprache gesagt hast. Jetzt versuche ich, ihnen ein paar einfache Sätze beizubringen."

Er beugt sich über ein etwa dreijähriges Mädchen. „Sag mal: Lora will einen Keks!"

Ihr seht euch mit großen Augen an.

„The-oooo!", ruft ihr gleichzeitig.

Euer dicker Kumpel hebt abwehrend die Hände. „Ist ja schon gut, ist ja schon gut!"

Dich klärt Hektor auf: „Den Menschen dieser Zeit fehlt noch der Rachen, also die Kammer über dem Kehlkopf. Deshalb konnten sie die meisten Töne noch gar nicht erzeugen."

Das ist das Schöne an Hektor, jede Sekunde lernt man etwas dazu!

→ 60 **Als die Beutel voll mit Essen sind, kehrt ihr alle ins Lager zurück.**

→ **Der Eingang zur Höhle** ist ziemlich niedrig. Schnell ist er mit Steinen verschlossen. Mit rasselndem Atem wartet ihr ab, was nun passiert. Draußen tobt der Bulle. Er weiß, wo ihr seid, aber an euch ran kommt er nun mal nicht. Das macht ihn wütend!

Schon nach wenigen Minuten sieht er die Erfolglosigkeit seines Unternehmens ein. Zwar wird der Mammutbulle nie den Nobelpreis für Physik erhalten, aber *so* doof ist er nun auch wieder nicht. Wild trompetend trampelt er davon.

„Eigentlich schade“, meint Theo, als er wieder genug Luft zum Sprechen hat. „Wie gern hätte ich Bulli mal gestreichelt!“

Hektor, dem der kleine Sprint anscheinend nichts ausgemacht hat, fährt herum.

„Bulli? Du hast unserem Verfolger sogar einen Namen gegeben?“

„Warum denn nicht? Sonst tut es ja keiner.“

Noch immer erschöpft, lehnt sich Theo an einen Haufen Geröll. Rumpelnd fällt es in sich zusammen und gibt einen Gang frei.

„Gut, dass ich mich im Sportunterricht immer verstecke, wenn wir Langstreckenlauf üben“, schnauft Theo. „Wenn ich so durchtrainiert wäre wie du, hätten wir den Gang nie gefunden und säßen jetzt in der Falle.“

Du starrst in den Gang hinein. Eigentlich siehst du nichts – kommt ihr so den Steinzeitmenschen auf die Spur?

→ (59) **Ihr geht, Hektor voran, hinein und seht euch um.**

→ (46) **Ihr habt genug vom Höhlenleben. Ihr räumt die Steine beiseite und tappt, Theo voran, ins Freie. Damit euch das Sonnenlicht nicht blendet, schließt ihr vorsorglich die Augen.**

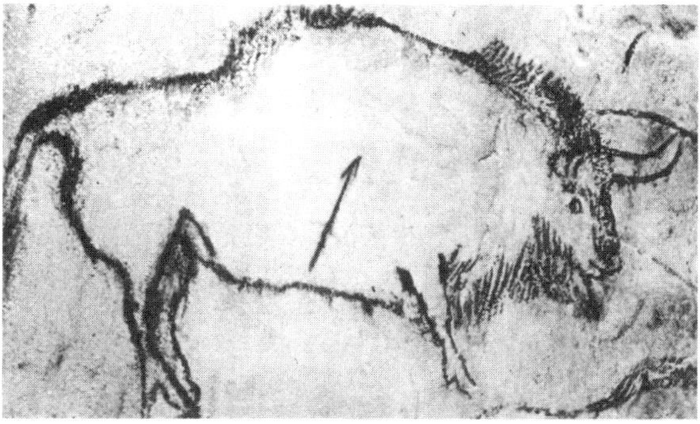

→ **Rasch lauft ihr** den „Trampelpfad“ entlang. Gut, dass ihr einen Sommertag erwischt habt! Halb nackt, wie ihr seid, ist euch eine kleine Aufwärmübung dennoch willkommen, schließlich herrscht Eiszeit!

Fast ganz Europa ist von einer permanenten Eisschicht überzogen. Nur ein kleiner Streifen, der sich vom heutigen Frankreich über Deutschland bis nach Asien zieht, ist bewachsen.

Trotz des Sonnenscheins ist euch kalt. Ihr durchquert einen wahren Dschungel aus Büschen, dann kommt ihr in die Talsenke, die ihr schon von Weitem gesehen habt. Hier sprießen zahlreiche Bäume, hauptsächlich Birken. Hektor, der vorangeht, hält plötzlich an.

„Vorsicht! Hier ist alles voller Felsspalten“, warnt er.

Außerdem grast hier zwischen dichten Kräutern und Farnen eine Herde Riesenhirsche. Das Männchen, das euch am nächsten steht, ist mindestens drei Meter hoch, und sein Geweih ist noch mal so breit.

„Boah!“, schwärmt Theo. „Das bring ich meinem Opa mit, als Schmuck für seine Schrebergartenlaube.“

Plötzlich hebt das Tier den Kopf und nimmt Witterung auf. Irgendetwas scheint es zu beunruhigen, Theos Bemerkung wird es sicher nicht gewesen sein. Als auch noch einige Auerhähne aufflattern, ist es mit der Ruhe im Tal vorbei. Wie auf ein geheimes Zeichen hin springen die Hirsche im Zickzack durch das Gras und verschwinden im Buschwerk.

„Wir sollten die Warnzeichen ernst nehmen“, meint Hektor. „Los, wir verschwinden auch!“

Theo winkt ab.

„Seit wann bist du so ängstlich? Lass uns doch erst einmal sehen, wovor sie fliehen. Vielleicht sind es ja Jäger, und sie führen uns zu ihrer Sippe.“

Beide blicken zu dir. Jetzt ist guter Rat teuer – also, eigentlich wie immer ...

→ 33 **Abwarten und Tee trinken. Mal sehen, was die Riesenhirsche so erschreckt hat.**

→ 62 **Abhauen und gar nichts trinken. Was nutzt euch euer Wissen, wenn ihr es niemandem mehr erzählen könnt?**

→ **Immer tiefer und tiefer** führt der Gang in den Berg hinein. An einer weiteren Abzweigung geht ihr wieder nach links, dann nach rechts. Ihr taucht durch einen Höhlensee, lauft drei Kilometer nach Osten, nach dem nächsten Knick vier Kilometer Richtung Norden.

Nach weiteren acht Tagen in der Höhle müsst ihr euch eingestehen, dass ihr euch wahrscheinlich heillos verlaufen habt.

Natürlich gebt ihr nicht auf und erkundet das unterirdische Labyrinth weiterhin auf Spuren der Steinzeitmenschen.

Leider geht schon bald eure Fackel aus, und es wird stockfinster. So merkt ihr auch nicht, wie die Zeit vergeht. 4 000 Jahre später tastet ihr unter dem Mount Everest herum, noch einmal 1 800 Jahre danach fallt ihr in einen Grundwasserspeicher unter der Wüste Gobi.

Glückwunsch, ihr habt den Eingang zur längsten Höhle der Welt entdeckt! Leider kann euch niemand gratulieren, weil ihr immer noch darin herumirrt.

→ ⊗ **Ein unendliches ENDE.**

→ **Ein Jäger im Vollbesitz** seiner Kraft wurde aus dem Leben gerissen! Nicht nur ein menschlicher Verlust für die Sippe: Ein Jäger weniger bedeutet einen Versorger weniger. Die Steinzeitmenschen schauen sich bestürzt an. Doch bald kommt Bewegung in die Gruppe.

Keiner möchte einen Toten lange im Lager haben. Ung, der große Anführer, hebt ihn sich auf die Schultern und trägt ihn aus der Hütte. Die gesamte Gruppe folgt ihm mit Fackeln zum Wald. Mit dem gewaltigen Geweih eines Elchs heben zwei Männer eine Grube aus. Sie muss tief genug sein, damit kein Raubtier den Jäger wittern und ausbuddeln kann. Bevor Ung den Toten hineinlegt, fesselt eine Frau den Leichnam mit Lederbändern.

„Reine Vorsichtsmaßnahme!“, erklärt Hektor. „Sie fürchten wohl, er könnte zurückkehren und sich dann für manchen Streit oder erfahrenes Unrecht rächen.“

Als der Mann in der Grube ruht, streuen die Steinzeitmenschen einige Blüten hinein, Ung legt eine Lanze dazu. Dann schließen die Männer das Grab sorgfältig und kehren zum Feuer zurück.

„Mensch, sind wir blöd!“, stellt Theo fest und haut sich mit der flachen Hand an die Stirn. „Jetzt haben wir beide Jungen aus den Augen verloren!“

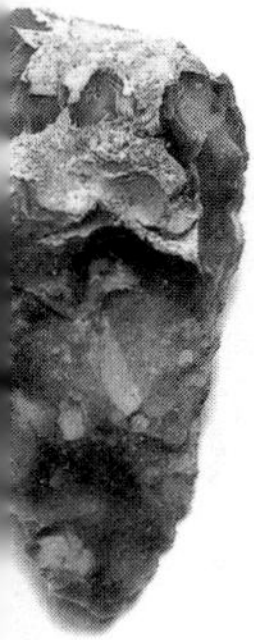

„Nein“, antwortet Hektor gelassen und zeigt zum Lagerfeuer. Der Junge, dessen Schrei alle zur Hütte gelockt hat, hockt geistesabwesend neben den Flammen. Er haut zwei Steine aneinander und übt sich darin, einen Faustkeil zu bauen.

„Das muss er sein!“, glaubt Hektor. „Los, geben wir ihm unauffällig den Keil, und der Auftrag ist erfüllt.“

Theo schüttelt den Kopf. „Du spinnst wohl!“, meint er sauer. „Der andere Junge ist immer noch irgendwo da auf dem Hügel. Den müssen wir finden!“

Warum ist immer alles so schwierig mit den beiden? Ist doch klar, weil sie dich sonst nicht brauchten!

→ 99 **Ihr lauft zurück zu dem Jungen auf den Hügel.**

→ 115 **Ihr schiebt diesem Jungen unauffällig den Faustkeil unter.**

→ **Honk hat mit seiner Sturheit** feste Regeln innerhalb der Sippe gebrochen: Er hat den Anführer bloßgestellt. Nun steht er enorm unter Druck. Kehrt er ohne Beute heim, muss er die Sippe verlassen, um zu sterben.

Doch die Jahrzehnte in dieser unwirtlichen Umgebung haben ihn hart gemacht – und schlau! Schon nach einem halben Kilometer habt ihr frische Spuren vor euch.

Rasch folgt ihr der Fährte, ihr dürft keine Zeit verlieren.

Dann endlich habt ihr eure Beute aufgespürt. Die Abdrücke im Boden haben euch zu einer Herde Wildpferde gebracht. Etwa 40 bis 50 Tiere traben nebeneinander her über das Hochplateau.

Honk grunzt etwas, das sich wie Kommandos anhört. Sofort laufen einige Männer los, in die Schlucht hinunter. Die anderen wollen auf die Pferde zurennen. Und ihr?

→ 96 **Nur mit Beute werden die Jäger zur Sippe zurückkehren. Ihr helft ihnen dabei.**

→ 41 **Ihr lauft mit den anderen Männern durch die Schlucht. Sie bereiten sicher die Sippe auf ein großes Festessen vor.**

Mit dieser Erfindung könnt ihr euch bei den Steinzeitmenschen beliebt machen! Ein Karren ist schnell gebaut. Aus zwei jungen Bäumen wird die Deichsel zum Ziehen, die Räder entstehen aus dicken Baumscheiben, die Ladefläche fertigt ihr aus dicken Ästen. Staunend sehen die Männer zu, wie ihr alles Fleisch, das sie am heutigen Tag erbeutet haben, auf dieses Gefährt ladet und hinter euch herzieht.

Was für eine Arbeitserleichterung! 20 000 Jahre Denkarbeit habt ihr der Menschheit gespart.

Der Magier ist darüber weniger glücklich. Ihr habt in dramatischer Weise in den Verlauf der Weltgeschichte eingegriffen. Mit einem Zischen breitet sich aus einem unterirdischen Geysir ein erinnerungraubendes Gas aus. Als die Steinzeitmenschen wieder zu sich kommen, ist der rollende Metzgerwagen vergessen.

Als ihr wach werdet, wisst ihr nicht mehr, was 1+1 ist oder wer den entscheidenden Elfmeter im Finale der Fußball-WM 1990 schoss.

Ach so, auch die Erinnerung an das Bronzehandbündnis ist für immer getilgt.

→ ⊗ **Ein endgültiges ENDE.**

→ **Der Bullige schnauft wütend,** als er seinen Anführer zurücklässt.

Diese Höhlen sind verdammt gefährlich, niemand sollte allein darin herumlaufen, aber er hat Hunger, wie ein lautes Magenknurren unmissverständlich anzeigt, und er will schnellstmöglich nach Hause.

Zehn, zwölf Mal biegt er in einen neuen Gang ein. Wenn ihr ihn in diesem Labyrinth verliert, seid ihr aufgeschmissen, so viel ist klar.

Plötzlich ertönt ein Donnergrollen. Die Erde unter euren Füßen bebt, kleine Steine und Staub prasseln auf euch nieder. Die Fackel wird dem Bulligen aus der Hand gerissen. Im Stockdunkeln wartet ihr ab, ob noch Schlimmeres folgt.

„Ich bin unverletzt!“, verkündet Theo schließlich.

„Schade, ich hatte mir schon Hoffnung auf deine tolle Fußballbildersammlung gemacht“, scherzt Hektor.

„Hoffentlich werden wir hier jemals gefunden!“, sind deine Bedenken.

Doch schon nähert sich der Schein einer Fackel. Ung, der Anführer, hat euch entdeckt und ist mit den anderen Männern gekommen.

„Wie hat der uns bloß so schnell gefunden?“, wundert sich Hektor.

„Na, ich hab doch Tom Sawyer auf DVD!“, prahlt Theo. „Daher weiß ich, dass man in Höhlen aufpassen muss. Natürlich hab ich an jedem Gang, in den wir eingebogen sind, einen Pfeil an die Wand gesprüht.“

Stolz schwenkt er die Spraydose, mit der er eigentlich die Schulmauer verschönern wollte.

„Und da sag noch einer, dass Fernsehen blöd macht …“, stöhnt Hektor.

Dann aber steht die nächste Entscheidung an.

Im Schein des Feuers seht ihr, was passiert ist: Ein Teil der Höhle ist eingestürzt und versperrt nun den Ausgang.

Die beiden Männer beginnen, die schweren Brocken an die Seite zu räumen. Helft ihr oder pausiert ihr lieber, um Kräfte zu sammeln für die Aufgaben, die noch vor euch stehen?

→ 105 **Ihr packt mit an.**

→ 94 **Ihr ruht euch aus.**

→ **Die Männer** beobachten angespannt den Leitwolf, der stocksteif auf seinem Felsen steht. Die anderen Tiere des Rudels jedoch nähern sich den Jägern zügig. Plötzlich springt ein Wolf hervor und verbeißt sich in der Wade eines stark behaarten Jägers. Der Mann schreit auf – ein Signal für die anderen Wölfe, über die Steinzeitleute herzufallen. Sie riechen das frische, saftige Fleisch. Das macht sie rasend vor Hunger.

Mensch und Tier sind so im Kampf verstrickt, dass niemand merkt, wie sich vier räudige Hyänen an die Beute heranschleichen. Jetzt seid ihr dran. Mit ein paar Steinen bratet ihr den feigen Raubtieren eins über. Hektor wirft sich dem stärksten Tier auf den Rücken.

Theo rutscht aus und liegt auf dem Rücken, als eine Hyäne ihn anfällt. Du bist auch mitten im Kampf und kannst ihm nicht helfen. Näher und näher rückt das Tier mit seinem stinkenden Atem an Theos Hals. Da greift dein Kumpel blitzschnell in euren Umhängebeutel, zieht seine Farbsprühdose hervor, mit der er eure Schulmauer verschönern wollte, und pustet dem Vieh eine ordentliche Ladung ins Gesicht.

„Grüne Augen stehen dir viel besser, Gierschlund!“, ruft ihm Theo triumphierend nach.

Die anderen drei Hyänen werden auf gleiche Weise kaltgestellt. Als auch die Wölfe weg sind, wirft euch Ung schnaufend die Hände auf die Schultern. Dank euch ist kein Fitzelchen Fleisch gestohlen worden – außer dem halben Unterschenkel eines Jägers und dem Zeigefinger eines anderen ...

Mühsam schleppen die unverwundeten Männer das teuer bezahlte Fleisch in eine nahe Höhle, ein bekanntes Versteck.

Zwei Abzweige führen in den Berg. Die verletzten Jäger nehmen hinter Honk den schmalen Gang, der sie wie ein finsteres Maul schnell verschluckt. Die Gesunden sind in Feierlaune. Sie laufen hinter Ung in den breiten Gang.

„Hochinteressant, jungsteinzeitliche Krankenversorgung!“, ruft Hektor und will den Verletzten folgen.

„Nee, nach dem Stress muss gefeiert werden!“, meint Theo und wendet sich dem breiten Gang zu.

Sie sehen dich erwartungsvoll an. Wohin geht ihr?

→ **107** **Zur Medizin-Vorlesung.**

→ **43** **Zur Feier.**

→ **An die Möglichkeit,** dass die Spalte auch für euch drei zu breit sein könnte, habt ihr wohl nicht gedacht?

Bei den Bundesjugendspielen wurde Theos bester Sprung mit 1 Meter 48 gemessen – und das auch nur, weil er den Weitennehmer aus der fünften Klasse mit einem Wurstbrötchen bestochen hatte. Hier wird er über sich hinauswachsen müssen.

Hektor springt mit einem eleganten Dreisprung über die Spalte – und noch gut zwei Meter weiter. Auch du kommst mit viel Anlauf knapp über den Abgrund rüber.

„Los jetzt, du schaffst es!“, feuerst du deinen dicken Freund an, doch kurz vor dem Absprung bremst Theo, bleibt stehen und schielt in den Spalt.

„Da!“

Am Grund des Felsens leuchten bleiche Knochen. Hier hat sich schon ein Rentier den Hals gebrochen.

So laut ihr auch „Nein!“ brüllt, euer Kumpel lässt sich nicht beirren.

→ (46) **Theo stellt sich dem Mammut in den Weg, ihr schließt lieber die Augen.**

→ **Ob das so eine kluge Entscheidung war?** Die Männer gucken schon etwas komisch, als ihr so kurz nach eurem Zusammentreffen schon wieder verschwindet. Doch sie haben viel zu viel mit ihren eigenen Problemen zu tun, als sich auch noch Sorgen um drei unbewaffnete, unbehaarte Knirpse wie euch zu machen.

Hektor glaubt, die Sippe könne nicht allzu weit entfernt leben, da die Männer keinen Proviant bei sich trugen. Er vermutet die Frauen und Kinder auf der anderen Seite des hohen Berges, der sich in einiger Entfernung vor euch erhebt. Schließlich werden sie in wenigen Stunden von einem Höhlenlöwen angegriffen werden.

Je näher ihr dem Berg kommt, desto schärfer weht der Wind. Schritt für Schritt kämpft ihr euch vorwärts und bekommt eine leise Ahnung davon, wie rau hier das Klima im langen Winter sein muss. Schließlich ist Eiszeit!

Endlich entdeckst du eine Schlucht, doch von Menschen immer noch keine Spur.

„Ist doch klar!“, kombiniert Theo. „Die Frauen und Kinder sind ohne Männer wehrlos und verstecken sich bis zu deren Rückkehr irgendwo in diesem Berg. Wir gehen rein!“

„Quatsch!“, antwortet Hektor. „Die sind im Wald

unterwegs und suchen Beeren und Wurzeln. Wir erkunden die Umgebung!“

Und du hattest schon gedacht, die Sache wäre einfach ...

→ (103) **Ihr betretet die Schlucht.**

→ (48) **Ihr durchforstet die Umgebung.**

→ **Warum nur** müssen diese Steinzeitmenschen immer rennen? Wenn ihr gehofft hattet, die Verwundeten und schwer beladenen Männer würden gemächlich durch die Schlucht spazieren, seht ihr euch getäuscht.

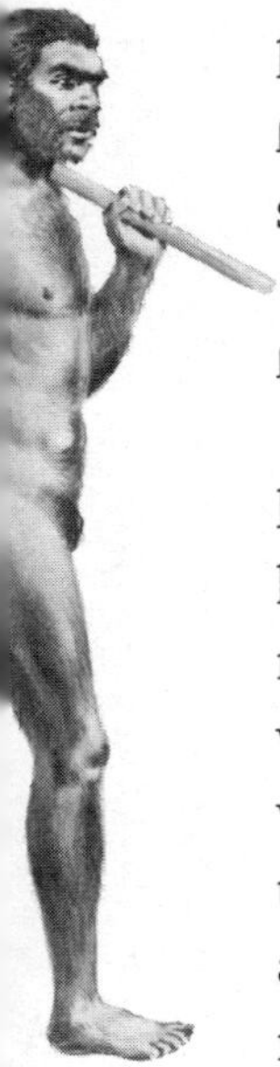

Erst als der Untergrund rutschig wird, gehen sie langsamer. Über Tausende von Jahren hat ein reißender Gebirgsbach eine tiefe Klamm in den Felsen geschnitten, hier müsst ihr durch.

Wenigstens tauchen keine wilden Tiere auf. Außer einem kreisenden Adler ist nichts zu sehen.

Plötzlich dröhnt es über euch los: Eine Gerölllawine hat sich gelöst und donnert in die Klamm hinab. In letzter Sekunde können sich alle unter einen Felsvorsprung retten. Doch als sich der Staub verzieht, seht ihr die Misere: Der Weg vor euch ist versperrt, ein Durchkommen unmöglich. Theo will umdrehen und den Weg durch die Höhle nehmen, auf dem Ung und die Jäger zum Dorf zurückkehren. Hektor schlägt vor, den Fluss zu durchschwimmen und den Weg auf der anderen Seite der Klamm fortzusetzen.

Keine leichte Entscheidung! Du wägst ab. Beides ist gefährlich. Ohne Ung als Führer könntet ihr euch in den Gängen der Höhle verlaufen. Aber Schwimmen in einem reißenden Bach scheint dir auch kein Sonntagsspaziergang zu sein – und gibt es in der Steinzeit nicht auch Süßwasserkrokodile?

Hallo! Aufwachen! Ihr seid nicht zum Grübeln hier, sondern um einen Auftrag auszuführen. Also, was macht ihr?

→ (106) **Umkehren ist sicherer.**

→ (50) **Umkehren kostet euch zu viel Zeit. Ihr schwimmt durch den Fluss.**

→ **Gemütlich trampelt** euer Reittier weiter, doch als es die Gegenwart der anderen Menschen spürt, wird es unruhig. Ein paar von diesen kleinen Wichten sind ja ganz nett, aber in Horden sind sie unausstehlich, scheint es zu denken – wenn es denken kann.

Schnaubend wirft es sich herum. Ihr müsst eure Entscheidung bitter büßen, denn ihr landet alle drei auf eurem Hosenboden im hohen Gras.

Eine Arschbombe aus fast drei Metern Höhe will verdaut sein. Jammernd reibt ihr euch die schmerzenden Hinterteile. Dann rafft ihr euch auf, um den Steinzeitmenschen hinterherzuschleichen. Ob ihr sie noch einholt?

→ 54 **Im Schutz der Gräser und Büsche lauft ihr geduckt, aber flott zu der Stelle hinüber, wo Theo die Leute gesehen haben will.**

→ **Auf dem Hügel** haben die Kinder dicke Baumstämme aufgestellt, die sie im Wald gefunden haben. Mit Speeren und Steinen versuchen sie nun, diese Ziele zu treffen. Andere schlagen mit knotigen Keulen auf die hölzernen Spielbären ein, um sich im Kampf zu proben.

Ihr beobachtet die Umgebung. Von einem Löwen ist nichts zu sehen, aber das Flackern des nahen Lagerfeuers verwischt auch alle Konturen und erschwert so das Sehen.

„Solange niemand in eine Höhle geht, kann doch nichts passieren", glaubt Theo. „Schließlich stand im Brief des Magiers, der Löwe würde in einer Höhle zuschlagen."

„Falsch!", sagt Hektor. „Da stand nur, dass ein Höhlenlöwe angreifen würde. Wo er angreift, wissen wir nicht."

Plötzlich schallt ein lauter Schrei aus dem Lager zu euch hinauf. Alle Kinder hasten zurück – bis auf den achtjährigen Jungen.

→ (99) **Ihr versteckt euch und folgt ihm unauffällig.**

→ (79) **Ihr lauft den anderen hinterher. Hoffentlich seid ihr nicht zu spät dran.**

→ **Jagen, Fischen, Sammeln** – all das ist harte Arbeit. Eine Sippe von etwa 25 Angehörige der Spezies Homo sapiens benötigt in der Woche rund 250 Kilogramm gutes Fleisch, um zu überleben. So drehte sich bei den Steinzeitmenschen alles um das Thema Nahrung. Aber die Gruppe musste auch stets zusammenhalten – nur gemeinsam war man stark und konnte sich den Härten des Lebens in der rauen Natur entgegenstellen. Nicht selten wurden deshalb Alte, Kranke und Schwache einfach im Schnee ausgesetzt und zurückgelassen. Faule übrigens auch.

Da ihr euch auch nicht an der Arbeit beteiligen wollt, seid ihr für die Gruppe leider, leider unnötige Esser und damit nicht tragbar.

Bis zum Winter lässt man euch in einem Höhlenverlies hungern, dann setzt man euch nackt im Schnee aus.

→ ⊗ **Ein eiskaltes ENDE.**

→ **Bisher haben euch** das hohe Gras und die Büsche im Tal noch einen gewissen Schutz geboten. Jetzt, hier auf den nackten Felsen, seid ihr neugierigen Blicken völlig ausgesetzt. Schwitzend und stöhnend schiebt ihr euch eine steile Felswand hinauf. Oben angekommen, braucht ihr dringend eine Pause.

„Ob der Typ wirklich hier hochgekraxelt ist?", wundert sich Theo. „Vielleicht wollte er die schöne Aussicht genießen? ..."

Als er seine Hand aufstützt, schreckt er zurück. Der Felsen ist klebrig von getrocknetem Blut!

„Du lieber Himmel, ich glaube, wir könnten Ärger kriegen!", ruft da Theo im gleichen Augenblick. Du schaust in die Richtung, in die euer Freund aufgeregt deutet – und blickst geradewegs in das aufgesperrte Maul eines Säbelzahntigers!

„Wir müssen weglaufen!", kreischt Hektor.

„Zu spät!", ruft Theo. „Wir greifen an!"

Ja, was jetzt?

→ (35) **Abhauen, so schnell ihr könnt.**

→ (113) **Angreifen, mit geballter Kraft.**

→ **Mit wenigen Schlägen** hat Honk den Feuersteinen einen Funkenregen entlockt und ein rot glühendes Feuer entfacht. Die Jäger halten Äste in die Flammen, bis sie brennen. Mit schwingenden Fackeln und ohrenbetäubendem Gebrüll laufen die Männer auf die Herde zu. Die Wildpferde haben Angst vor dem Feuer und dem Lärm. Die Flucht durch die Felsen wird ihnen von den Jägern versperrt. Bleibt den angstbebenden Tieren nur ein tödlicher Ausweg: die Klippe!

Vier Pferde stürzen die steile Wand hinab, dann haben die Männer genug Fleisch, und sie geben den übrigen Tieren den Weg frei. Die Herde sprengt davon, ihr klettert zu den anderen Jägern hinunter.

Ihr helft den Jägern, die kostbare Beute zu zerlegen. Plötzlich hallen merkwürdige Laute durch die Schlucht.

„Ung ... Ung ...“, grunzt es fröhlich.

Hinter einem Felsen tauchen Ung und seine Jagdpartie auf. Sie sind schwer beladen mit großen, blutigen Fleischstücken.

„Ein Wollnashorn!“, ruft Hektor. „Das ist seit 10 000 Jahren ausgestorben!“ Mit glänzenden Augen streichelt euer Freund über das dichte braune Fell, das Ung ihm stolz entgegenstreckt.

Auch Honk nähert sich neugierig. Ung scheint

ihm nichts nachzutragen. Mit seinen Jägern macht er sich daran, euch beim Zerlegen der Wildpferde zu helfen.

Als sich vor euch ein riesiger Fleischberg türmt, wisst ihr, was euch die Stunde geschlagen hat: Ihr dürft blutiges Steinzeitfilet schleppen!

→ 36 **Ihr fügt euch eurem Schicksal und buckelt euch die zentnerschwere Last auf.**

→ 82 **Wozu hat's die Evolution gegeben? Ihr schleppt doch nicht, was ihr auch bequem fahren könnt. Ihr baut einen Karren.**

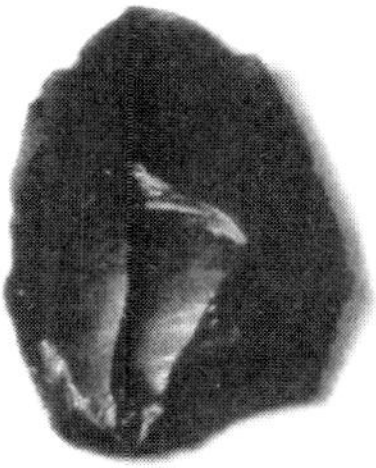

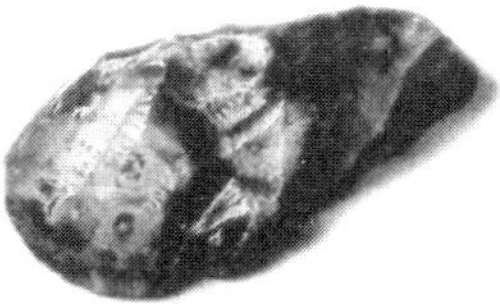

→ **Beschützen? Wovor?** Habt ihr Angst, das achtjährige Steinzeitkind will euch die Butterbrote wegnehmen?

→ (52) **Schnell, rennt den anderen zum Dorf nach, sonst heißt es noch, ihr wolltet euch vor der Arbeit drücken!**

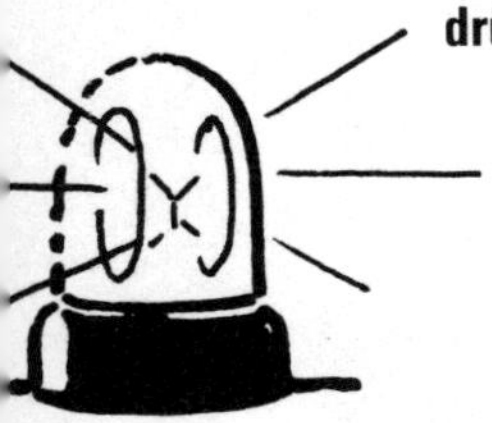

→ ***Dem Jungen folgen*** hört sich in der Theorie sehr einfach an. Die Praxis jedoch ist ganz anders: Kaum habt ihr die Hügelkuppe überschritten, seid ihr von undurchdringlichem Schwarz umgeben. Das Flackern des Feuers erreicht die abgewandte Talsenke natürlich nicht.

„Vielleicht sollten wir jetzt sofort unser Bronzehandbündnis auflösen“, flüstert Theo ängstlich. „Gerade läge ich zum Beispiel viel lieber in meinem Bett und läse Comics.“

„Komm, Superman!“, muntert ihn Hektor auf. „Ich spüre, dass wir auf der richtigen Fährte sind.“

Klar seid ihr auf einer Fährte. Nämlich auf der eines Auerochsen, der ja für seine Aggressivität bekannt ist. Blindlings rasselst du in seine samtweiche Flanke hinein. Der Bulle findet euer Zusammentreffen überhaupt nicht lustig und dreht sich schnaufend zu euch um.

Alle drei hastet ihr hangaufwärts. Hier müsste eigentlich gleich das Lager kommen, und die meisten Tiere haben Angst vor Feuer.

Leider rennt ihr vor lauter Panik in die entgegengesetzte Richtung.

Ein Baum ist eure Rettung. Ihr schwingt euch hinauf. Der Auerochse rammt den Stamm einige Male mit seinen Hörnern, dann zischt er erbost ab.

Als ihr wieder hinunterklettert, glaubt Theo in der Nähe ein Licht zu sehen.

Leise schleicht ihr euch an. Dort, in einer kleinen Höhle, hockt der Junge, den ihr gesucht habt. Aber er ist nicht allein. Vor ihm auf dem Boden liegt ein Wolfsjunges. Als der Junge ihm die Eingeweide vom Schlachtfest hinhält, hinkt das Tier heran und frisst gierig. Um seinen Hals ist ein Lederband. Immer wieder fährt der Junge dem Tier mit der Hand über das graue Fell und murmelt beruhigende Laute. Dann zerkaut er eine Wurzel, spuckt den Brei auf ein Blatt und legt dem Jungtier einen neuen Verband auf seine Wunde am Bein.

Das Junge leckt ihm dafür dankbar die Hand.

„Unsere Zielperson ist vielleicht der erste Mensch auf der Welt, der auf die Idee kommt, dass man Tiere nicht nur jagen, sondern auch zu seinen Zwecken aufziehen und züchten kann“, schwärmt Hektor.

„Du meinst, dieser Wolf da ist der Stammvater aller Schäferhunde?“, fragt Theo verblüfft.

Hektor nickt.

„Schon möglich. Vielleicht gelingt dem Jungen die Zähmung des Wolfs, und über mehrere Generationen werden zahme Hunde daraus.“

Schönes Thema habt ihr da, aber warum spart

ihr es nicht lieber für den Schulunterricht auf? Hinter euch schleicht nämlich ein ausgewachsener Höhlenlöwe heran. Der Duft der frischen Wollnashorninnereien hat ihn angelockt. Und weil er Hunger hat, überwindet er sogar seine Furcht vor dem Feuer.

Theo greift in seinen Umhängebeutel und schmeißt das Stück dem Jungen zu, der nur Augen für den Löwen hat. Leider erwischt Theo zunächst seine Sandale. Trotzdem greift der Junge zu und patscht sie dem Löwen auf die Nase. Sein wütendes Brüllen hallt von den Wänden wider und ist sicher auch im Lager zu hören.

Endlich hat Theo den Faustkeil gefunden und rollt ihn über den Boden. Zu spät? Der Junge, an die Wand gepresst, tastet wild um sich und versucht, einen Felsbrocken zu finden. Nichts liegt herum – er hat ja selbst alles Geröll hinausgeschleppt, damit sich sein Wolf wohlfühlt.

Da finden seine Finger den Faustkeil, seine Hand schließt sich um den behauenen Stein. Der Löwe hat sich vor ihm aufgebaut und reißt das Maul auf.

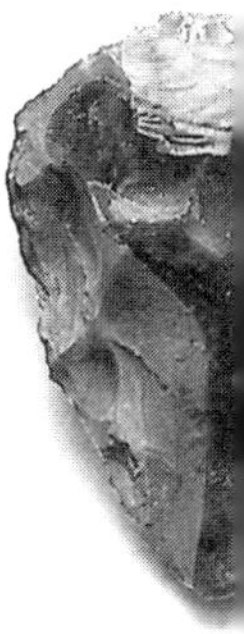

Blitzschnell rammt ihm der Junge den Faustkeil in den aufgesperrten Rachen. Vor lauter Verwunderung vergisst die Raubkatze ganz, ihr Maul zu schließen.

Plötzlich stehen Jäger mit Speeren im Höhleneingang. Vom Lärm und vom Feuer angelockt, haben sie den Weg schnell gefunden. Sie lassen ihre Waffen fliegen. – Der Junge ist außer Lebensgefahr!

„Puh, geschafft!“, stöhnt Theo und stützt sich bei euch auf.

In diesem Moment setzt der Strudel ein, der euch zurückholt. Euer letzter Blick fällt auf den kleinen Wolf, der dem Löwen wagemutig ins Bein beißt. Mit hastigen Sprüngen flieht das Tier aus der Höhle. Glücklich umkreisen die Männer den Jungen und seinen kleinen Wolf. In der Ferne trompetet Bulli, das Mammut, zum Abschied. Wie Ung den Jungen umarmt und ihm erlaubt, den Wolf im Lager großzuziehen, bekommt ihr schon nicht mehr mit.

Ihr fliegt wie bei einer Vollbremsung durch einen Tunnel. Nichts ist mehr zu erkennen, du spürst nur noch die Hände von Theo und Hektor in deiner Faust. Nach ein paar Sekunden stockfinsterer Nacht wird es wieder heller, zu hell, wie ein Blitz. Geblendet schließt du die Augen. Mit voller Wucht schlägst du auf dem Boden auf. Ihr seid angekommen.

→ 116 **Endlich wieder zu Hause.**

→ **In der felsigen Schlucht** kommt ihr langsam, aber stetig voran. Im Schutz der hohen Felswände um euch herum fühlt ihr euch sicher.

Doch auf einmal hört ihr Geräusche … merkwürdige Geräusche! Die Steinzeit ist voll von Gefahren und unliebsamen Überraschungen. Ihr geht lieber in Deckung und pirscht euch vorsichtig, von Felsen zu Felsen huschend, an das neue Abenteuer heran.

Der Lärm wird lauter.

Selbst Hektor vermag nicht zu sagen, welches Tier solch panisches Grunzen verursachen könnte.

Ein plötzlicher Schrei zerreißt die Luft – ihr werft euch platt auf den Boden.

„Ung!“, grunzt es.

Als ihr aufschaut, starren euch zwölf Steinzeitmenschen an – eure alten Bekannten. Sie haben ihre Jagd soeben erfolgreich beendet und zahlreiche zentnerschwere Stücke Wildpferd und Wollnashorn zurechtgeschnitten. Sie sind amüsiert, euch nach so kurzer Zeit schon wieder zu sehen.

„Ung!“, ruft ihr Anführer ausgelassen.

„Honk“, scheint ihn der Älteste beruhigen zu wollen.

Sie brauchen dringend eure Hilfe. Das ganze Fleisch muss natürlich abtransportiert werden. Sie schieben euch zu einer bluttriefenden Nashornkeule und einem Stück Pferdemagen. Die sollt ihr tragen.

→ 36 **Was bleibt euch anderes übrig? Ihr schultert die Fleischklopse und marschiert den Jägern nach.**

→ 82 **Ihr seid doch nicht blöd! Ihr baut einen Karren, dann könnt ihr die Beute hinter euch herziehen.**

→ **Mit vereinten Kräften** stürzt ihr euch auf den wackligen Geröllberg und schleppt Steine. Dabei steht ihr euch mehr im Weg, als euch gegenseitig zu helfen. Theo wird es bald zu bunt.

„Als das Dach von unserem Nachbarn gedeckt wurde, haben die Bauarbeiter das so gemacht!"

Auf seine Handzeichen hin bildet ihr eine Kette. Theo oben, dann der Bullige, in der Mitte du, dann Hektor und ganz unten Ung und die Männer.

Theo schmeißt dem Bulligen einen Brocken zu, der schaut ihn verdutzt an, kapiert dann aber und wirft ihn zu dir.

„Und hopp, und hopp, und hopp!", feuert Theo alle an.

Nach einer Viertelstunde ist der Gang so weit frei, dass ihr euch hindurchzwängen könnt.

Schon nach wenigen Metern steht ihr im Freien! Auf einem Hügel seht ihr ein Mädchen in einem Fellumhang stehen. Als es die Jäger erblickt, klatscht es und verschwindet grunzend im Tal. Die Männer laufen los.

→ 52 **Hektor will direkt zur Sippe.**

→ 98 **Theo will lieber Ung fragen, ob er euch beschützen kann.**

→ **Ihr eilt durch die Höhle.** Fackeln beleuchten schummrig den Weg und werfen gespenstische Schatten an die Wände.

Weil das Leben der Eiszeit so grimmig ist, verbergen sich viele wilde Tiere in den Felsengängen: Höhlenhyänen, Höhlenlöwen, Höhlenbären, um nur einige zu nennen. Ein Spaziergang durch ihr Reich kann das vorzeitige Lebensende bedeuten.

Tatsächlich entdeckt ihr in einer Ecke frischen Bärenkot. Ung untersucht ihn, wohl um zu sehen, wie alt er ist – sind die Raubtiere noch in der Höhle?

An einem kleinen Geröllhaufen bleiben auch die Männer plötzlich stehen.

Ein bulliger Jäger wird ungeduldig und will alle in einen anderen Gang weiterziehen, doch der Anführer faucht nur böse. Grummelnd nimmt sich der Bullige eine Fackel, dann wendet er sich zum Gehen.

→ (66) **Ihr bleibt beim Anführer, ist doch klar.**

→ (83) **Ihr wollt schnellstens weiter und folgt dem Bulligen, ist doch klar.**

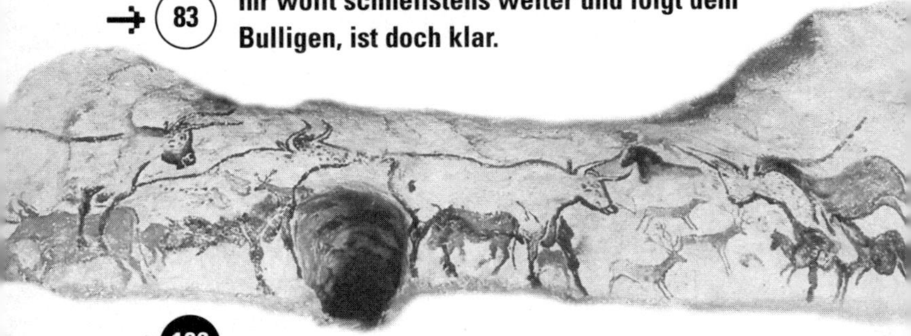

→ **Der finstere Gang** öffnet sich schon recht bald, und ihr steht in einer kleinen Höhle, in der ein Feuer lodert.

Der alte Honk ist Medizinmann und versorgt die Verletzten.

Dem Mann, der einen Finger verloren hat, stehen die Schweißperlen auf der Stirn. Honk schiebt ihm einen Stock zwischen die Zähne, damit er sich nicht vor Schmerzen die Zunge abbeißt.

Der Alte greift nach dem Knochen eines Greifvogels, der an einem Lederband um seinen Hals baumelt. Als er das Band entfernt, klappt der halbierte Knochen auf. In seinem Inneren ist feiner Staub. Der Patient drückt die Hand in Kopfhöhe an die Höhlenwand und spreizt die verbliebenen vier Finger. Honk gurgelt ein paar seltsame Laute. Dann bläst er den Staub durch den Knochen auf die Wunde.

„Das ist Ocker“, weiß Hektor. „Es hat heilende Kräfte. Außerdem beruhigt diese Erde die Nerven.“

Noch zweimal wiederholt der Medizinmann die Prozedur, dann werden die Augen des Verwundeten wieder klar. Er hat das Schlimmste überstanden. An der Wand, wo er sich aufgestützt hat, bleibt jedoch ein Abdruck seiner Hand in einem Kreis aus feinem Ocker zurück. Mit ein bisschen

Glück kann man sie auch in 35 000 Jahren noch hier bestaunen.

Als der Jäger mit dem zerfetzten Unterschenkel behandelt werden soll, verlasst ihr den Gang wieder. Der Vierfingrige ist sichtlich besserer Laune und zieht euch mit sich in den großen Höhlengang.

→ 43 **Da ihr neugierig auf die Steinzeit-Party seid, geht ihr mit ihm mit.**

→ **Leider weiß** die schlachtende Frau nicht, dass ihr keine Lust mehr auf Laufen habt. Sie hat jedenfalls andere Pläne mit den Kindern, die im Lager geblieben sind. Sie verteilt die saftigsten Fleischstücke in lederne Beutel. Immer zwei Kinder tragen einen in ihrer Mitte – auch du und Hektor.

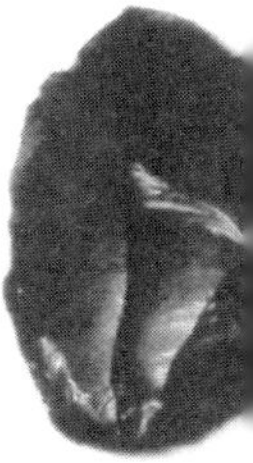

Der Achtjährige geht vorneweg. Er sieht gar nicht so anders aus als ihr. Mit ein bisschen Haarpflege und modischen Klamotten würde er in eurer Klasse gar nicht besonders auffallen – außer wenn er den Mund aufmacht.

„Nnngrr!“, ruft er den anderen zu und zeigt zum Gebirgsbach, der sich hier im Tal friedlich kräuselt, nachdem er sich weiter oben ausgetobt hat.

Am Wasser angekommen, prüft der Junge kritisch die Temperatur. Das Schmelzwasser hält ihn auch jetzt im Sommer auf etwa fünf Grad. An einem Baumstamm, der über den Bach gelegt wurde, befestigen die Kinder ihre Beutel. Das Fleisch hängt im Wasser und ist so viel länger haltbar. Der erste Kühlschrank der Welt!

→ (60) **Nach getaner Arbeit kehrt ihr ins Lager zurück.**

→ **Satt und zufrieden** kuscheln sich die Männer an ihre Frauen und starren in die Flammen. Wen kümmert es schon, welche Schicksalsschläge morgen auf die Sippe warten?

Der Junge, den ihr beobachtet, geht mit einem Stein voll Pferdemagenmasse zu einem der Zelte. Während die Männer unter der Anführerschaft von Ung beginnen, um das Feuer zu tanzen, folgt ihr dem Jungen unauffällig.

Durch die Ritze der Felle seht ihr, wie er einen zahnlosen Alten füttert. Du bist baff!

„Alte werden offenbar in einigen Sippen bereits mitversorgt. Spätestens das war der Sprung vom Tier zum Menschen", erklärt Hektor.

Auch Kranke werden nicht vergessen. Der Junge beugt sich über den stark behaarten Jäger, dem ein Wolf den Unterschenkel zerbissen hat. Als er ihn füttern will, stößt der Junge einen Schrei aus: Der Mann ist tot, sein Blutverlust war zu hoch.

Von dem Schrei angelockt, kommen alle Bewohner des Lagers zusammen. Nein, einer fehlt. Der Junge, der mit den anderen Kindern auf den Hügel gestiegen ist!

„Schnell, wir müssen hin!", flüstert Hektor.

„Allein in die dunkle Nacht – mitten in der Eiszeit? Du spinnst wohl!", antwortet Theo.

„Entweder gehen wir alle oder gar keiner!“, meint Hektor und fügt hinzu: „Also, ich bin für schleuniges Suchen.“

Tja, walte deines Amtes, entscheide! Bleibt ihr hier, oder sucht ihr den anderen Jungen?

→ 99 **Ihr rennt aus der Hütte und versucht, dem anderen Achtjährigen zu folgen.**

→ 79 **Ihr bleibt hier und behaltet diesen Achtjährigen im Auge.**

→ **Durch das Gras** und die feuchte Erde der Steppe kriechend, nähert ihr euch den Jägern im Fluss. Allerdings lauerten auf die Menschen in der Steinzeit noch andere Gefahren als eine verirrte Mücke im Schlafzimmer. Dementsprechend reagieren ihre Sinne auch viel eher auf Veränderungen in ihrer Nähe. Drei Gestalten von eurer Größe erkennen sie schon aus dem Augenwinkel, ihre Nasen riechen euch zehn Meilen gegen den Wind, und ihre Ohren hören das Krachen eines umknickenden Grashalms.

Heimlich anschleichen ist also nicht.

Ehe euch zwölf Speere durchbohren, solltet ihr vielleicht doch besser aufstehen und auf die Horde zugehen, das weckt Vertrauen.

→ (28) **Die Männer starren euch verdutzt an. Ihr geht hin.**

→ **Besiegen heißt nicht** immer plumpes Draufhauen. Man kann Gegner auch durch Schlauheit ausschalten, das ist meistens effektiver. Hektor vermutet, dass bei steinzeitlichen Raubtieren die gleichen Regeln gelten wie bei heutigen Tierarten: Eigentlich meiden sie den Menschen und greifen ihn nur in Notsituationen an.

Besänftigend nickt er mit dem Kopf und senkt den Blick.

Eigentlich wäre es euch eine Genugtuung zu erleben, dass euer Alleswisser sich auch mal vertut. Doch in diesem Moment hättet ihr auf diese Erkenntnis verzichten können.

Das Tier bleckt die Zähne und springt ein Stück vorwärts. Die Zweibeiner der Gattung Homo sapiens stehen ganz oben auf seinem Speiseplan, auch wenn diese hier ein bisschen komisch nach Duschgel riechen.

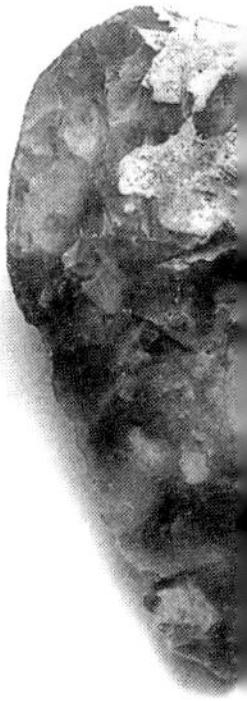

Knurrend kommt der Säbelzahntiger auf euch zu. Sein Maul ist geöffnet, eine blitzende Reihe spitzer Reißzähne wird entblößt.

Knüppel oder ähnliche Waffen liegen leider nicht für euch bereit. Besser, ihr findet euch mit eurem Schicksal ab, oder?

Doch du lernst noch etwas: Unterschätze nie einen kleinen dicken Faulpelz. Ehe das Raubtier

noch *Säbelzahntiger* buchstabieren kann, zieht Theo den Faustkeil aus seinem Fellbeutel und donnert ihn dem Tier auf die empfindliche Nase. Jaulend verschwindet es mit wenigen Sätzen im Dickicht.

Hektor fällt seinem besten Freund um den Hals.

„Danke!“, stammelt er, noch immer vor Schreck zitternd.

Pfeifend verschränkt Theo die Hände hinter dem Kopf. „Keine Ursache, war ja nicht meine Idee“, sagt er trocken. „Was bei achtjährigen Steinzeitjungen funktioniert, kann doch bei 35 000 Jahre älteren Menschen nicht falsch sein, oder?“

Als Theo den Faustkeil, der ihm von der Wucht des Schlags aus der Faust gerutscht ist, aus einem Strauch holt, stößt er auf den verdeckten Eingang einer Höhle.

→ 59 **Vielleicht wohnen hier die Steinzeitmenschen, die ihr sucht? Ihr tretet ein.**

→ 20 **Wer weiß, welche wilden Tiere sich in der Höhle verstecken? Ihr könnt verzichten und setzt euren Weg fort.**

→ **Es gibt mehrere Möglichkeiten,** und ihr legt euer Schicksal in die Hand des Zufalls?

Der faule Esel schleppt sich auf *ein Mal* tot, lautet ein altes Sprichwort.

Leider ist dieser Junge, der dort am Feuer kniet und sich über den tollen Faustkeil freut, erst sieben Jahre alt.

Ihr habt Exponat 478/2005 an die falsche Person in der Vergangenheit übergeben!

Der Magier ist wenig erfreut, nein, eigentlich überhaupt nicht erfreut.

Auf den Wink seines Fingers hin ändert die Mammutherde auf dem Weg in den Süden ihre normale Route für einen Schlenker durch das Lager einer Homo-sapiens-Sippe. Wie durch ein Wunder wird niemand verletzt. Nur diese drei seltsamen Fremden, die immer so komisch gegurgelt haben, sind wie vom Erdboden verschwunden.

Tja, die tonnenschweren Tiere haben euch bis ins Sediment gedrückt. Hier könnt ihr zusehen, wie aus ein paar Dinoknochen im Laufe der Jahrtausende langsam Erdöl wird.

→ ⊗ **Ein geologisches ENDE.**

→ **Wieder zu Hause …** Als du die Augen aufmachst, hockt ihr drei vor dem Glaszylinder mit dem weinroten Samt. Theo legt rasch die Bronzehand hinein. Kaum ist das gute Stück an seinem Platz, als schon die rote Lampe leuchtet: Alarmgesichert!

Schnell tauscht ihr eure Lendenschurze wieder mit den Kleidern in eurem Beutel und schnappt euch eure Schultaschen. Wie immer ist während eurer Abwesenheit keine einzige Minute vergangen.

Noch benommen von dem Strudel, wackelt ihr wortlos zum Ausgang des Museums – jetzt ruft der Unterricht!

Leider lauft ihr direkt in die Arme des Wärters.

„Verflixt, den hatte ich ganz vergessen!“, murmelt Hektor.

Der Mann hat das Telefon am Ohr.

„Ja, Herr Direktor, sofort, Herr Direktor, entschuldigen Sie, Herr Direktor“, stammelt er in den Hörer. Dann legt er auf.

„Das war dein Vater“, berichtet er mit hochrotem Kopf. „Natürlich darfst du für dein Referat den Faustkeil mitnehmen. Du sollst auch unser neuestes Stück mit in die Schule nehmen, meint er, weil es so kurios ist.“

Er greift in die Kiste auf dem Tresen.

„Hier, Exponat 480/2005, eine Badeschlappe aus der Jungen Altsteinzeit!“, liest er von dem Zettel ab.

Der Mann zieht Theos Sandale hervor. Stark vermodert, aber doch erkennbar, Theos Sandale!

„Wie hat der Magier das nun schon wieder gemacht?“, wundert sich Theo auf dem Weg in die Schule.

„Mir wurscht, Hauptsache, auch dieser Auftrag ist zu seiner Zufriedenheit ausgeführt“, antwortest du. „Dann geht’s nämlich auch in Zukunft weiter mit spannenden Abenteuern!“

Gleichzeitig streckt ihr drei die rechte Hand vor euch aus. Lachend legt ihr sie aufeinander und ruft bester Laune die altbekannten Worte:

„Ich schwöre, niemandem auch nur ein Sterbenswörtchen von unseren Erlebnissen zu verraten – keinem Freund, keinem Verwandten …“

„… und schon gar keinem Säbelzahnhöhlenkaninchen!“, fügt Theo hinzu.

Noch im Unterricht murmelt ihr ununterbrochen: „Wir drei sind und bleiben das Bronzehandbündnis – auch beim nächsten Abenteuer!“

Entscheidung am Indianerfluss

Die nächste Aufgabe ... Gut, dass du dir drei Wecker gestellt hast, es ist wirklich noch sehr früh am Morgen. Aber um diese Zeit kann euch wenigstens der aufdringliche Museumswächter nicht in die Quere kommen. Möglich gemacht hat den frühen Aufbruch Hektors Vater, der Direktor des Museums. Er ist für ein paar Tage verreist und hat den Museumsschlüssel unvorsichtigerweise zu Hause gelassen ...

Wie Einbrecher schauen Theo und Hektor sich am Haupteingang des Museums um. Bei deinem Eintreffen nicken sie nur kurz.

Theo präsentiert seine neue Armbanduhr.

„Extra für heute angeschafft", verkündet er stolz. „Die hat eine astreine Weckfunktion!"

Hektor öffnet die Tür. Als ihr drinnen seid, vergewissert sich Theo noch mal kurz, ob euch auch kein Anwohner beobachtet hat. Dann steuert ihr die Halle für Geschichte des Mittelalters an.

Dort liegt sie: die geheimnisvolle Bronzehand! Ihr seid alle drei immer wieder von ihr fasziniert. Welche Ruhe und Überlegenheit diese Hand auf dem weinroten Samtteppich ausstrahlt! Sie ist wirklich kein toter Gegenstand. Wie erwartet steckt ein Pergament in ihrem Schaft.

„Mal sehen, was der Magier heute für uns im Angebot hat!“, sagt Theo. Mit geübtem Griff lüftet er die Glasglocke und zieht die Bronzehand mitsamt dem Pergament hervor.

Du weißt inzwischen, dass die Alarmanlage durch die Kraft des Magiers immer still bleibt, trotzdem hältst du in diesem Moment gespannt den Atem an.

Theo rollt die Nachricht auseinander.

„Hier ist unser neuester Auftrag!“ Er beginnt, die krakelige Handschrift vorzulesen:

„Im Jahre 1801 ziehen die Menschen, die ihr Indianer nennt, in großer Eintracht mit der Natur durch die weite Prärie. Noch sind sie in vielen Teilen ihres angestammten Gebietes völlig ungestört von den wenigen weißen Siedlern, die Nordamerika schon erreicht haben. Kämpfe gibt es aber auch so, nämlich zwischen benachbarten Stämmen.

In diesem Sommer ist ein Stamm der Sioux, die sich selber Dakota nennen, tief in das Gebiet der Komantschen eingedrungen, um Pferde zu stehlen. Es kam zu einigen blutigen Auseinandersetzungen, doch schließlich einigten sich die Stämme auf ein Tauschgeschäft. Mit dem Rauchen der Friedenspfeife sollte die Einigung zwischen den

Feinden abschließend besiegelt werden, aber die heilige Pfeife der Sioux war verschwunden. Ihr Häuptling Mehr-als-drei-Leben beschuldigte deshalb den Häuptling der Komantschen Der-die-Sterne-liest des Diebstahls. Die Komantschen ritten wütend davon, nicht ohne den Sioux ewige Feindschaft zu schwören.
1982 wird die Friedenspfeife von einem Kanalarbeiter an der Stelle gefunden werden, wo sie Mehr-als-drei-Leben damals aus seinem löchrigen Hirschlederbeutel gefallen ist. Heute befindet sie sich hier im Museum, in der Abteilung für Nordamerikanistik.
Theo, bring Exponat 15/1982 zu Mehr-als-drei-Leben zurück und verhindere so einen blutigen Krieg zwischen den beiden Stämmen."

Theo senkt das Pergament. „Wir reisen zu den Siocks! Hurra!", jubelt er und beginnt, einen wilden Tanz aufzuführen.

„Hör auf mit dem Gezappel, sonst regnet's gleich, vor lauter Elend!", sagt Hektor. „Und *Sioux* wird übrigens *Su* ausgesprochen, Theo!"

Theo zieht eine Augenbraue hoch. „Mir doch wurscht, wir Kenner nennen sie sowieso *Dakota*!"

Doch selbst er muss zugeben, dass es ganz nütz-

lich ist, einen Experten für Indianersprachen dabeizuhaben.

Am Eingang der Abteilung für Nordamerikanistik stülpt sich Theo die Bronzehand über den rechten Arm. „Los, anfassen!“, flüstert er. Ihr reicht ihm die Hände, aber Theo zögert noch.

„Es ist einfach zu früh!“, schimpft er. „Welche von den 50 Pfeifen war's denn nun?“

Hektor zwinkert Theo nur spöttisch zu. „Die Pfeife der *Dakota*, selbstverständlich. Exponat 15/1982!“

Theo zeigt mit dem gestreckten Zeigefinger der Bronzehand auf die Pfeife. Dir wird kalt ...

→ **Die Expedition startet!** Um euch herum verschwindet alles: das Museum, die Vitrinen, die Flure. Wie bei einer Vollbremsung fliegt ihr durch einen dunklen Tunnel. Nichts ist mehr zu erkennen, du spürst nur noch die zitternden Hände von Theo und Hektor in deiner Faust. Nach ein paar Sekunden stockfinsterer Nacht wird es wieder heller, zu hell, wie ein Blitz. Geblendet schließt du die Augen.

Dann schlägst du auf dem Boden auf. Theo und Hektor landen neben dir. Ihr seid angekommen – in der Prärie!

Es riecht nach feuchtem Sand, in der Ferne heult ein Kojote. Grillen zirpen.

Du öffnest die Augen. Es ist noch vor Sonnenaufgang. Ihr liegt auf einem sandigen Hügel, einige verdorrte Bäume stehen neben euch. Vor allem aber ist euch schweinekalt.

Zähneklappernd schlägt Theo vor, ein Feuer anzuzünden. Hektor behauptet, so ein Feuer würde nur ungebetene Gäste anlocken.

Gut, dass *du* entscheidest.

→ **130** **Ihr macht ein Feuer an.**

→ **135** **Ihr rückt näher zusammen.**

→ **Wasser habt ihr keins,** also werft ihr Sand in die Flammen. Das Feuer ist schnell gelöscht, aber auch ein blinder Indianer würde es mit Leichtigkeit entdecken, selbst wenn er keine Nase hätte. Die verkohlten Holzstücke schmoren weiter vor sich hin und qualmen noch immer ordentlich.

Auch das Verstecken wird schwierig. Größere Felsen gibt es hier oben nicht, von Höhlen mal ganz zu schweigen. Nur ein paar umgestürzte knorrige Bäume. Als wieder ein Käuzchenruf ertönt, zieht dich Hektor hinter den dicksten Stamm. Durch ein Astloch könnt ihr die verlassene Feuerstelle beobachten.

Kaum habt ihr euch geduckt, da bewegt sich auch schon etwas in der Dunkelheit: Platt wie eine Schlange schiebt sich ein Schatten auf die Reste eures Feuers zu. Ihr könnt auf diese Entfernung nur die Umrisse erkennen – es muss ein Mensch sein. Er greift in die Asche und riecht daran. Dann führt er die Hand an den Mund und lässt den Käuzchenruf erklingen. Es hört sich wirklich täuschend echt an.

Beunruhigend ist nur, dass er dabei in eure Richtung zeigt!

→ (139) **Jetzt bleibt euch wirklich nur noch die Flucht. Nichts wie weg!**

→ **Du hast wirklich lustige Ideen!** In einem Gebiet, wo das Kriegsbeil ausgegraben ist, flitzt eine Handvoll Indianer hinter euch her, und du willst in Ruhe Wasser suchen? Aber bitte, probier's – jetzt kannst du zeigen, warum der Magier dich ausgewählt hat!

Du suchst das Gelände ab, als hättest du dein Leben lang nichts anderes gemacht, als dich in fremder Umgebung zurechtzufinden. Wie ein Radar gleiten deine Augen über die Prärie auf der Jagd nach irgendeinem Anhaltspunkt. Zum Glück ist es inzwischen heller geworden.

Und deine konzentrierte Suche hat Erfolg: In der Ferne entdeckst du einen Schwarm Mücken. Sehr gut! Diese Insekten lieben das Wasser. Geduckt lauft ihr zu ihnen hinüber. In einer tiefen Mulde liegt tatsächlich ein kleiner See.

Rasch watest du hinter den anderen her durch das Schilf und verwischst mit einem Schilfhalm eure tiefen Fußabdrücke im Schlamm. Das Ergebnis ist perfekt! Selbst für einen Indianer ist nicht mehr zu erkennen, dass ihr hier wart.

Lautlos gleitest du zu deinen Freunden in den See und zeigst zum anderen Ufer. Dein Plan: Um die Wasseroberfläche gleichmäßig aufzuwühlen, schwimmt ihr getrennt hinüber. Dort drüben wollt ihr euch wieder treffen.

Theo stöhnt, jetzt wird's anstrengend! Hektor tröstet ihn. „Elefanten baden doch auch gerne, weil sie dann ihr Gewicht nicht spüren!“ Als Antwort bekommt er einen Mund voll Seewasser ins linke Auge. Dann taucht Theo ab.

Auch du lässt dich zwischen die dickblättrigen Wasserpflanzen sinken und schwimmst unter Wasser mit kräftigen Zügen. Weiter als bis zu deiner Hand kannst du nicht sehen. Plötzlich blickst du in zwei weit aufgerissene Augen: Ein Glück, nur ein junger Hecht! Schnell verkrümelt er sich wieder auf den Grund des Sees.

Als du vor dir dicke Schilfrohre spürst, tauchst du vorsichtig auf. Mit dem Körper unter Wasser schiebst du dich durch die Pflanzen bis zu eurem Treffpunkt. Hektor ist schon da, nur von Theo fehlt jede Spur.

Plötzlich entdeckst du ihn, exakt an der Stelle, an der ihr ins Wasser gestiegen seid. Er muss im Kreis geschwommen sein! Und direkt hinter ihm erscheinen in diesem Augenblick die Umrisse von drei Männern!

Verzweifelt gibst du Theo Zeichen. Er winkt fröhlich zurück.

Hektor schüttelt den Kopf. „Gleich wird er über den See pfeifen oder uns seinen neusten Lieblings-

witz zugrölen!“ Doch stattdessen taucht euer Freund unverhofft unter.

Gespannt sucht ihr mit den Augen die Wasseroberfläche ab. Die drei Männer am Ufer spannen Pfeile in ihre Bögen. Sie wissen, dass ihr hier irgendwo sein müsst. Wo wird Theo auftauchen und Luft holen?

„Die Indianer üben das Schießen von klein auf“, flüstert Hektor beunruhigt. „Sie treffen mit ihren Pfeilen sogar Vögel im Flug!“

Somit dürfte Theo ein sicheres Opfer werden. Doch noch immer gibt es keinerlei Anzeichen von ihm. Wenn er nicht heimlich bei den Perlentauchern der Südsee in der Lehre war, kann er nur vor Angst ertrunken sein.

Doch plötzlich erscheint aus heiterem Himmel Theos Kopf zwischen euch. Auf eure fragenden Blicke hin zeigt er auf ein Stück Schilfrohr in seinem Mund.

„Der beste Schnorchel der Welt! So kann man sich vor denen da stundenlang verstecken.“

Staunend macht ihr es eurem Freund nach und taucht vom See aus in einen breiten Fluss ein, den Theo bei seiner Erkundungstour unter Wasser entdeckt hat. Erst nach einer Viertelstunde, als ihr euch absolut sicher fühlt, taucht ihr wieder auf.

Nun wird klar, warum Hektor als Letzter schwimmen wollte: Er zieht eine Blutspur hinter sich her! Unter Wasser hat ihn ein spitzer Stein aufgeschlitzt. Tapfer hat er die Zähne zusammengebissen, um euch auf der Flucht nicht zu entmutigen. Doch nun zeigt er euch die tiefe Wunde an seinem Unterschenkel! Du siehst dich nach Hilfe um. Am Ufer des Flusses liegt ein fahrbereites Kanu! Hektor freut sich, Theo warnt dich. Wie entscheidest du?

→ 159 **Ihr steigt in das Kanu. Einen besseren Krankentransporter gibt es hier nicht.**

→ 146 **Wer weiß, wem das Kanu gehört? Ihr lasst besser die Hände davon und verbindet Hektors Wunde mit Moos.**

→ **Eine gute Entscheidung** in einer Gegend, die den Namen Wildnis noch wirklich verdient, ein Feuer zu machen! Die heulenden Kojoten, die eure Witterung längst aufgenommen haben, haltet ihr so auf jeden Fall von euch fern, denn sie fürchten das Feuer.

Theo hängt sich an die verdorrten Bäume und bricht so reichlich Feuerholz ab – diesem Gewicht hält kein Ast stand. Hektor schnitzt sich in der Zeit einen großen Zahnstocher zurecht. In ein ausgefranstes Stück Holz stopft er vertrocknetes Gras und drückt den Stab hinein. Dann nimmt er ihn zwischen die Handflächen und beginnt, ihn erst langsam, dann immer schneller hin- und herzuzwirbeln. Schon nach einer Minute steigt ein dünner Faden Rauch von der Stelle auf, und weitere zwei Minuten später prasselt in eurer Mitte ein prächtiges Feuer.

Theo betrachtet die Friedenspfeife in seiner Hand und verstaut sie vorsichtig wieder in seinem Rucksack. „Jetzt fehlt nur noch ein ordentliches Büffelschnitzel!“, meint er.

Stattdessen setzt wie aus dem Nichts ein Regenschauer ein. Alles um euch herum ist im Nu klatschnass. Gut, dass euer Feuer schon kräftig lodert. Kaum ist eure Kleidung nass, als sie die Wärme der

Flammen auch schon wieder trocknet. So bleibt es richtig gemütlich. Das brennende Holz knistert leise, irgendwo ruft ein Käuzchen.

„Ich wusste es doch, Theo“, lacht Hektor. „Das im Museum vorhin war ein Regentanz ...!“

Du stimmst in das Lachen mit ein. Bisher gefällt es dir richtig gut in der Prärie. Jetzt sind auch die Kojoten verstummt, nur das einsame Käuzchen hörst du noch ab und zu rufen.

Obwohl, *so* einsam ist es auch wieder nicht. Dort antwortet noch ein Käuzchen aus der anderen Richtung. Und da noch eins, wieder von woanders her. Mit einem Mal sitzt du kerzengerade am Feuer: Das ist ein Verständigungszeichen von kundschaftenden Indianern! Was nun?

→ 125 **Vielleicht haben die Indianer euch noch nicht bemerkt. Ihr löscht das Feuer und versteckt euch.**

→ 139 **Einen indianischen Spurensucher täuscht so leicht niemand. Ihr lasst das Feuer brennen und haut schleunigst ab.**

→ **Gut, dass eure Verfolger** von ihrer Überlegenheit so überzeugt sind. Sie folgen euren Spuren, halten aber großen Abstand. So habt ihr genug Zeit, deinen Plan umzusetzen.

Geduckt lauft ihr fächerförmig in drei Richtungen auseinander. Nach 100 Metern stoppt ihr und geht rückwärts in euren eigenen Spuren zurück. Dann lauft ihr im Gänsemarsch den breiten Weg zurück, den ihr gekommen seid. Dabei tritt jeder in die Spuren, die Hektor hinterlässt.

Wiederum nach 100 Metern hebt Hektor schweigend die Hand. Mit je drei Schnitten seines Messers löst er großflächig die Grasnarbe vom Boden und klappt sie so vorsichtig zurück, dass kein einziger Halm geknickt wird. Theo schnappt sich einen flachen Stein und beginnt mit dem Ausschachten. Die Erde streut er großflächig zwischen das Präriegras.

Du hältst so lange nach den Indianern Ausschau. Doch noch ist nichts von ihnen zu sehen. Sieht so aus, als hättest du recht: Sie wollen euch zunächst nur beobachten, sonst hätten sie euch schon längst überfallen. Und wenn du falsch liegst? Dann wird sich jeden Augenblick ein Pfeil mit unglaublicher Präzision in deinen Hals bohren – wie willst du das deinem Mathelehrer erklären?

Ein Wink von Hektor. Es kann losgehen! Doch wo

ist Theo? Noch mal austreten? Hektor deutet auf ein Stück Gras. Du staunst. Das Versteck von Theo ist absolut nicht vom Rest des Präriebodens zu unterscheiden. Dann zeigt dir Hektor deine flache Mulde. Du legst dich hinein, und ehe du blinzeln kannst, bist du komplett mit Gras bedeckt. Nur durch einen kurzen Strohhalm bekommst du noch Luft, ansonsten ist alles stockdunkel. Nun heißt es abwarten.

Quälend lange passiert nichts. Um dir die Zeit zu vertreiben, stellst du dir vor, wie die indianischen Späher verwundert ihre Käuzchenrufe hin- und herschicken, ehe ihnen klar wird, dass sie euch verloren haben. Du kicherst, doch nur einmal, dann ist dein Mund voll Erde.

Plötzlich fühlst du einen Druck auf deiner Brust. Schwach hörst du über dir Worte in einer fremden Sprache. Einer der Indianer steht direkt auf deinem Bauch! Angestrengt versuchst du, die Luft anzuhalten. Jeder Atemzug könnte dein letzter sein.

Doch lange hältst du das nicht durch, und so beginnst du wieder, flach zu atmen. Die Minuten verrinnen wie Stunden. Irgendwann ist das Gewicht auf deinem Bauch weg. Aber sind die Indianer wirklich weitergegangen? Du fragst dich, wie ihr wohl rausfinden könnt, ob die Luft rein ist, als mit einem Ruck die Grasdecke über dir weggerissen wird. Ein erdverschmiertes Gesicht beugt sich über dich – du schreist!

„He, keine Panik! Ich bin's bloß, Theo!" Dein dicker Kumpel grinst. Dir fällt ein Stein vom Herzen. Und Lehm. Und Wurzeln.

Hektor hilft dir beim Aufstehen. „Das waren Sioux. Ich habe ihren Anführer, Wachsamer Dachs, gut belauschen können. Er war völlig verwirrt. Und stinksauer, als die drei schließlich abziehen mussten!"

Der Indianertrick mit dem Eingraben hat hervorragend funktioniert.

„Wir können ihnen bis zu ihrem Lager nachschleichen", schlägt Theo vor.

„Schlauberger!", gibt Hektor zurück. „Die sind doch längst über alle Berge."

Was macht ihr nun?

→ 166 **Ein Bad nehmen! So dreckig könnt ihr keinem Häuptling entgegentreten. Ihr sucht Wasser.**

→ 141 **Was habt ihr denn? So seid ihr in der Prärie doch bestens getarnt. Ihr schlagt den Weg zu den Bäumen ein, die ihr in einiger Entfernung gesehen habt.**

→ **Eine gute Entscheidung,** in einer Gegend, wo sich die Lage zwischen zwei verfeindeten Stämmen zuspitzt, auf ein weithin sichtbares Feuer zu verzichten. So werden keine ungebetenen menschlichen Gäste auf euch aufmerksam – tierische allerdings schon ... Während ihr vor Kälte schnatternd im Sand sitzt, kommt das Heulen der Kojoten immer näher. Ihre feinen Nasen haben eure Witterung bereits aufgenommen. Hektisch versucht ihr doch noch, Feuer zu machen, aber zu spät. Wie aus dem Nichts setzt ein Regenschauer ein, und alles Holz ist im Nu klatschnass. Ob der Regentanz von Theo im Museum schuld ist?

Statt Feuer produziert ihr nur eine Menge Qualm, der in den Augen beißt. Theo verstaut wenigstens die Friedenspfeife regendicht in seinem Rucksack.

Doch ihr habt jetzt ein echtes Problem: Mit von der Kälte steifen Knochen wird es ziemlich schwierig, sich gegen hungrige Kojoten zu verteidigen. Und sie sind schon fast da! Theo ist für Fortlaufen, Hektor will sich stellen und kämpfen. Und du?

→ (147) **Nichts wie weg hier!**

→ (144) **Dies ist das Land der Tapferen. Ihr versucht, die Kojoten zu vertreiben!**

→ **„Lass mich nur machen!“,** murmelt Theo dir zu. „Ich hab die Sache verbockt, also bringe ich sie auch wieder in Ordnung.“

In wilder Zeichensprache versucht dein Freund, den Komantschen klarzumachen, was eine Weckfunktion ist. Da aber niemand von ihnen das Standardwerk *Jetzt ätze ich mir meine Platinen selbst* gelesen hat, gibt Theo schnell auf.

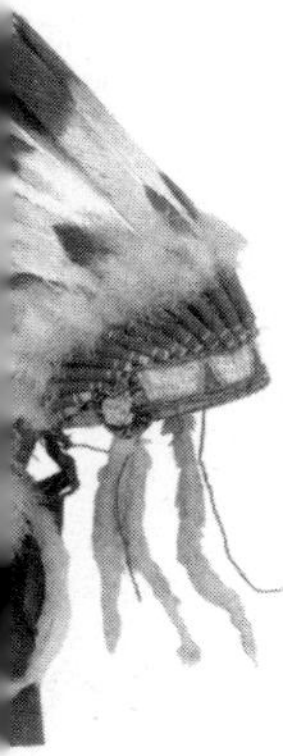

Der Häuptling blickt euch böse an. Er hält das Piepsen der Uhr sicherlich für einen bösen Geist, der ihn vor dem Kampf gegen die Sioux schwächen soll.

„Mist, so wird das nichts“, sagt Theo halblaut. „Dann hilft nur noch eins: der *Stark-mach-Tanz* des weißen Mannes!“ Du hast keine Ahnung, was jetzt kommt.

Theo kniet sich in der Mitte des Platzes in den Staub und holt tief Luft. Plötzlich springt er auf und zappelt wild in alle Richtungen. Was um alles in der Welt macht er da?

Nach wenigen Sekunden wird es dir klar: Theo steht zwischen 300 Komantschen und macht Breakdance! Dazu ahmt er mit prall aufgeblasenen Backen die Geräusche eines Gettoblasters nach. Beeindruckt siehst du ihm zu. Nie hättest du Theo so viel Beweglichkeit zugetraut!

Jetzt schmeißt er sich auf den Boden und kriecht vorwärts wie ein Wurm, von da aus geht es in den Kopfstand. Dann nimmt er Schwung und dreht nur auf seiner Schädeldecke eine Pirouette nach der anderen. Über den Rücken lässt er sich abrollen, wirbelt die Beine durch die Luft, landet auf den Handflächen und wirft die Füße mal hierhin, mal dorthin unter den Armen durch.

300 Indianer kommen minutenlang aus dem Staunen nicht mehr raus. Dann beginnt Häuptling Der-die-Sterne-liest, laut zu lachen, und schon bald stimmen alle mit ein. Was wäre denn ein besserer „Stark-mach-Zauber“ als schallendes Gelächter?

Unzählige Krieger kommen auf dich zu und umarmen dich, bis Theo, der tanzende Roboter, erschöpft zusammenbricht.

Auf einen Wink des Häuptlings hin schweigt der gesamte Stamm sofort. Drei bunt bemalte Krieger springen hervor und tragen Hektor zu dem Zelt, das auf einem geheimnisvoll geschmückten Platz etwas abseits steht: das Zelt des Medizinmanns.

Euch beide hält der Häuptling zurück. Zwölf besonders weise, mutige oder listige Krieger des Stammes kommen hinzu und setzen sich in einen Kreis um euch herum. Manche von ihnen tragen lange, verzierte Hosen, andere nicht viel mehr als einen Lendenschurz. Doch kräftig sind sie alle. Das harte Leben in der Prärie hat ihre Körper geformt. Als alle sitzen, legt Der-die-Sterne-liest den Finger auf seine Lippen und deutet dann auf euch. Aus seinen Handbewegungen erkennt ihr, dass ihr ihm erklären sollt, wie drei Bleichgesichter in eurem Alter hierher gekommen sind. Du weißt nicht, was *Magier* und *Bronzehandbündnis* auf Komantschisch heißt, doch die Wahrheit wird dir in diesem Fall vielleicht auch nicht viel nützen – aber was erzählst du dann?

Theo zuckt mit den Achseln. Du merkst, eure Abenteuer werden nicht leichter, wenn Hektor seine Meinung nicht vertreten kann …

→ 171 **Du erfindest sicherheitshalber eine wilde Geschichte von einem Planwagenzug, mit dem ihr gekommen seid.**

→ 211 **Du erzählst die Wahrheit von eurer Begegnung mit den Sioux.**

→ **Blitzschnell springt ihr auf** und lauft den Hügel hinunter. Die Indianer habt ihr im Nacken, da bist du sicher.

Diese Hatz kann lange dauern. Ihr versucht, beim Laufen möglichst wenig Kraft zu verbrauchen und doch schnell zu sein – für zwei von euch kein größeres Problem. Theo jedoch ist schon vom Energieverlust durch das Aufstehen am Feuer erschöpft. Japsend wackelt er hinter euch her, bleibt aber tapfer auf Tuchfühlung.

„Beeilt euch mal!“, keucht er hinter euch. „Ich hab schon eine Runde Vorsprung!“

Als ihr den Abhang hinter euch gelassen habt, erlebst du den Zauber der Prärie, auch wenn es erst langsam hell wird. Ihr lauft durch ein Meer aus hüfthohem, saftigem Gras. Im sanften Wind des frühen Morgens biegen sich die Halme in Wellen mal zur einen, mal zur anderen Seite. Endlos scheint dieses Gräsermeer zu sein, nur in der Ferne erblickst du Bäume und Sträucher. Vielleicht fallt ihr aber auch im nächsten Augenblick in einen See – die Prärie weiß ihre Geheimnisse gut zu verbergen ...

So schnell ihr auch lauft, hinter euch erklingt in regelmäßigen Abständen der Ruf eines Käuzchens. Die Indianer bleiben euch also auf den Fersen! Wie könnt ihr sie nur abschütteln?

Als ihr euch mindestens eineinhalb Kilometer von dem Hügel entfernt habt, blickst du erschöpft zurück. Von euren Verfolgern ist im hohen Gras nichts zu sehen. Ihr hingegen rennt aufrecht und macht dazu Krach wie eine aufgeschreckte Büffelherde. Und walzt auch eine genauso breite Schneise ins Gras. Einen besseren Wegweiser kann man wohl nicht hinterlassen. Fehlen nur noch blinkende Pfeile mit der Aufschrift *Unser Fluchtweg, hier entlang!*

Doch wie könntet ihr auch eine Chance gegen die Indianer haben? Sie sind hier aufgewachsen, kennen jeden Trick und haben die Ausdauer eines Kamels. Schon Kinder lernen hier, 30 Kilometer mit einem Mund voll Wasser zu rennen, ohne einen Tropfen zu trinken. Euch fällt es schon schwer, 30 Meter mit einer Tasche voll Münzen zu gehen, ohne eine Cola zu kaufen. Wegrennen ist also sinnlos. Ihr müsst sie mit ihren eigenen Mitteln schlagen. Denkt schärfer nach!

→ 126 **Wasser! Im Wasser verlieren selbst Bluthunde die Spur. Ihr sucht Wasser!**

→ 132 **Eingraben! Und vorher falsche Fährten legen!**

→ **Kaum eine Stunde** in der Prärie, schon habt ihr etwas gelernt: Ihr stiefelt nicht mehr nebeneinander her, sondern tretet nur noch in die Spuren des Vordermanns. Sehr gut! So lasst ihr jeden Fährtenleser im Unklaren, wie viele Leute ihr seid.

Dass ihr wirklich sehr gekonnt schleicht, beweist euch ein Fasan, der euch erst bemerkt, als ihr nur noch drei Meter von ihm entfernt seid. Erschrocken flattert er davon. Allmählich erkennst du, dass es sich bei den Bäumen, die ihr angepeilt habt, um Erlen und Birken handelt. Hoch ragen ihre Kronen aus der Graslandschaft heraus.

Theo denkt das Gleiche wie du. „Da im Schatten der Bäume könnte das Lager der Sioux liegen, das wir suchen“, sagt er. Du nickst.

Plötzlich hörst du hinter dir ein Wimmern: Hektor! Du drehst dich um und siehst neben ihm eine wütend zischelnde Klapperschlange! Dein Freund muss versehentlich auf sie getreten sein, und sie hat sich mit einem Biss verteidigt. Das gefährliche Reptil ist mehr als einen Meter lang und klappert aufgeregt mit den Hornringen an seinem Schwanzende. Schnell schleuderst du einen Stein auf die Schlange, und sie verschwindet im hohen Gras.

„Die ... Bisse ... der Klapperschlange sind ... fast immer ... tödlich!“, stammelt Hektor leichenblass.

Du reißt ihm das Hosenbein auf, drückst deinen Mund auf die Wunde und saugst das Gift aus den beiden tiefen Zahnabdrücken in Hektors Unterschenkel. Dann reißt du einen Ärmel deines Hemds ab und bindest das Bein mit dem Stoff ab. Das restliche Gift strömt nun langsamer in den Körper, aber viel Zeit habt ihr nicht mehr: Ihr braucht Hilfe!

Ihr zieht Hektor hoch. Du stützt ihn links, Theo rechts. So humpelt ihr die letzten Meter zu den Bäumen. Wie soll's jetzt bloß weitergehen? Das Lager der Sioux zu finden ist so schon schwierig genug, und dann noch mit einem Verletzten?

Über all diesen Gedanken wärst du beinahe ins Wasser gefallen. Dich trifft fast der Schlag: Die Bäume stehen am Ufer eines ruhigen Flusses. Und im Wasser unter der höchsten Birke liegt wie bestellt ein Kanu!

→ 159 **Dies ist ein Notfall. Ihr steigt in das Kanu.**

→ 146 **Ihr lasst besser die Hände von dem Kanu und sucht am Ufer nach seinem Besitzer.**

→ **Falls du einen Baukran** mit Hebebühne in der Tasche hast, so ist jetzt der Zeitpunkt gekommen, ihn herauszuholen ...

Weit und breit gibt es nicht den kleinsten Anhaltspunkt für Wasser, und ihr habt keine Zeit, groß herumzusuchen. Vom Baukran aus könntest du allerdings das ganze Gelände in Ruhe kartografieren und jeden Teich, jede Wasserader und jede Pfütze einzeichnen. Und jeden Kojoten, der am Fuße des Baukrans verhungert.

→ (150) **Ach so, du hast keinen Baukran dabei?**
Dann probiert's doch bitte mal mit den Bäumen!

→ **Während Theo** noch wimmernd nach gefräßigen Vierbeinern Ausschau hält, handelt Hektor schon präzise wie ein Geheimagent. Mit gezielten Karatetritten bricht er drei dicke Äste von den verdorrten Bäumen, die ihr als Knüppel verwenden könnt.

Als du das Holz in deiner Hand spürst, fühlst du dich tatsächlich für einen Moment ein kleines bisschen besser – aber wirklich nur für einen Moment.

Während die Rufe der Kojoten immer näher kommen, sucht Hektor als Verteidigungspunkt die höchste Stelle des Hügels aus. Hier stellt ihr euch Rücken an Rücken, damit euch die Tiere nicht von hinten angreifen können.

Kaum steht ihr in Position, als sich schon der Anführer des Rudels zeigt. Mit gebleckten Zähnen springt er ein paar Meter auf Hektor zu, knurrt heftig, hält aber zunächst Abstand. Hektor und das Tier stehen Auge in Auge da, keiner regt sich. Hat der Kojote gespürt, dass er in diesem durchtrainierten Menschen seinen Meister finden wird?

Vielleicht will er euch auch nur ablenken, denn plötzlich tauchen auf deiner Seite ebenfalls zwei Kojoten auf. Sie sind etwas kleiner als Schäferhunde. Mit ihren langen Schnauzen schnüffeln sie in der Luft, dann knurren sie angriffslustig. Jetzt wird's ernst!

Du schwingst deinen Knüppel, aber wohl ist dir nicht in deiner Haut. Doch du wirst zunächst verschont.

Ausgerechnet auf Theo springt der erste Kojote los. Reflexartig reißt dein Freund den Knüppel hoch und trifft tatsächlich den Kopf des Raubtiers. Winselnd schleicht es von dannen.

Doch die anderen hat dieser Angriff nur ermutigt! Nun kommen sie von allen Seiten und sehen kein bisschen freundlich aus.

„Hauen wir ab!“, ruft Theo. „Das ist unsere letzte Chance!“

Ausnahmsweise seid ihr euch einig.

→ 147 **Ihr nehmt die Beine in die Hand und rennt.**

→ **Dein Edelmut ist bewundernswert.** Selbst in größter Not willst du niemandem etwas stehlen.
Doch den Auftrag des Magiers solltest du dabei auch nicht aus den Augen verlieren. So werdet ihr viel zu langsam vorankommen. Es reicht vielleicht gerade mal noch ... um den drei Indianern zu entkommen, die in diesem Augenblick mit lautem Geheul aus dem Gebüsch hervorbrechen.

Sioux! Ihre bunt bemalten Gesichter sind wutverzerrt.

→ (159) **Bleibt nur ein Ausweg: Springt ins Kanu! Sofort!**

→ (177) **Bleibt nur ein Ausweg: Hektor kennt doch die Sioux-Sprache. Ihr geht auf sie zu und fragt nach Häuptling Der-die-Sterne-liest.**

→ **Die Kojoten sind in der Überzahl,** und ihre übliche Taktik ist es, die Beute durch ständige Angriffe zu ermüden. Bleibt ihr hier oben, werden sie euch erwischen, so viel steht fest. Lauft ihr weg, erwischen sie euch vermutlich auch. Trotzdem, wer nicht wagt, der nicht gewinnt! Mit Gebrüll stürmt ihr den Hügel hinab. Tatsächlich erschreckt euer Geschrei die Raubtiere kurz.

Als ihr den Abhang hinter euch gelassen habt, packt dich der Zauber der Prärie: Ihr rennt durch ein Meer aus grünem, hüfthohem Gras. Im sanften Wind biegen sich die Halme in Wellen mal zur einen, mal zur anderen Seite. Bis zum Horizont erstreckt sich das Gräsermeer, nur in der Ferne sind schlanke Bäume und dichte Sträucher zu sehen – und hinter euch Kojoten mit herrlichem rotem Fell, Mensch! Spar dir deine romantischen Landschaftsbeschreibungen für später auf, sonst bist du Gulasch!

Der Abstand zwischen euch und den Kojoten scheint zwar zu wachsen, aber die Tiere vertrauen ihren Nasen, die finden euch in jedem Versteck.

→ (143) **Aber in Wasser nicht! Ihr sucht Wasser!**

→ (150) **Aber klettern können sie nicht! Ihr lauft zu den Bäumen!**

→ **Die Indianer haben sich** wirklich einen wunderschönen Platz für ihre Tipis ausgesucht. Direkt am Fluss unter hohen Bäumen reihen sich die Zelte aneinander. Du schätzt ihre Zahl auf mindestens 50. Die Wände der Tipis bestehen aus Büffelhäuten und werden von langen Stangen getragen, die oben überstehen. Die Häute sind mit Szenen aus Kampf und Jagd bemalt.

Zwischen den Zelten laufen stolze Krieger umher, Squaws tragen Lederschläuche mit Wasser, kleine Kinder spielen Fangen, größere erproben ihre Kraft im Ringkampf. Noch scheint euch niemand bemerkt zu haben. Doch das wird sich bald ändern, denn ihr steuert das Kanu direkt aufs Lager zu.

Hektors Körpertemperatur ist in den letzten Minuten von warm auf heiß gestiegen. Vielleicht hat sich die Wunde entzündet? Jetzt fängt er an, wirr zu reden, und stöhnt immer wieder mit schmerzverzerrtem Gesicht.

Dann schiebt sich euer Kanu auf den Ufersand. Als du herausspringst, um es an Land zu ziehen, zeigt ein Indianermädchen auf dich und ruft aufgeregt etwas zu den Zelten hinüber.

„Ko-Komantschen!“, stammelt Hektor nur, dann wird er ohnmächtig. Theo hält seinen Kopf in den Händen.

„Das Glück ist uns hold“, sagt er. „Dann treffen wir hier wenigstens unsere drei Bekannten nicht wieder.“

„Stimmt. Andererseits muss die Pfeife ja zu den Sioux“, erwiderst du. „Aber jetzt müssen wir uns ohnehin erst mal um Hektor kümmern.“

Während du dich mit dem langen Kanu abmühst, läuft am Ufer der halbe Stamm zusammen. Die meisten Männer tragen eine oder mehrere Federn in ihrem langen Haar und Kleidung aus feinem Leder. Jedes Hemd ist in unterschiedlicher Weise bestickt und mit gefärbten Stachelschweinstacheln verziert.

Sofort seid ihr von Komantschen umringt. Fremde Weiße werden hier besonders argwöhnisch betrachtet. Einige ziehen ihre Messer, und ein besonders großer, rot bemalter Krieger tritt mit seinem Tomahawk in der Hand auf dich zu.

Theo versteckt sich hinter dir, Hektor liegt bewusstlos im Kanu. Und was tust du?

→ 157 **Du verneigst dich höflich vor den Indianern und überreichst ihnen ein Geschenk.**

→ 164 **Für Höflichkeiten ist keine Zeit. Ihr hebt den bewusstlosen Freund aus dem Kanu und tragt ihn ins Lager.**

→ **Die Bäume sind weit entfernt** und die Kojoten hungrig und schnell. Keine gute Kombination, wenn einem das Leben lieb ist.

Aber jammern hilft bekanntlich nichts. So rennt ihr einfach schnurstracks auf die Bäume zu, die etwa eineinhalb Kilometer vor euch liegen.

Durch die eintönige Graslandschaft kommt es euch so vor, als würdet ihr keinen Schritt vorwärtskommen. Außerdem macht euch Theo Sorgen. Er ist von dem bisherigen Lauf schon so fertig, dass er kaum noch einen Fuß vor den anderen setzen kann.

„Rettet euer Leben!“, ruft Theo theatralisch. „Ich werde den Kojoten wohl als Frühstück genügen.“

„Stimmt“, antwortet Hektor. „Aber wer übergibt dann die Friedenspfeife?“

Ihr rennt noch eine Weile, dann stolpert Theo nur noch willenlos vorwärts. Hektor erkennt den Ernst der Lage und wartet auf seinen besten Kumpel.

Doch Theo ist vor Erschöpfung halb blind und rennt Hektor wie ein angreifender Footballspieler zu Boden. Hektors Brille fliegt in hohem Bogen durch die Luft. Nur mit einem gewagten Hechtsprung kannst du sie auffangen und so verhindern, dass er den Rest des Abenteuers im Nebel verbringen muss.

Eine tolle Clownsnummer, die ihr den Kojoten da vorgeführt habt! Doch anstatt Beifall zu klatschen, kreisen sie euch ein. Ohne den Kopf zu drehen, zählst du mindestens zwölf Stück, es können aber auch 15 oder 18 sein. Knurrend nähern sie sich Schritt für Schritt drei Stücken leckerer Beute – euch.

Ihr seid verloren. Wenn in einer Viertelstunde die Sonne aufgeht, werden ihre heißen Strahlen auf eure nackten Gerippe fallen und eure Knochen bis zum Abend erbarmungslos ausbleichen. Eine Handvoll Geier mit struppigen Federn und nackten Hälsen wird im Geäst der Bäume sitzen und noch bis tief in die Nacht von den Leckerbissen schwärmen, die ihnen die satten Kojoten übrig gelassen haben. Und das so kurz vor dem Ziel! Die Bäume liegen direkt vor euch – und doch so weit entfernt!

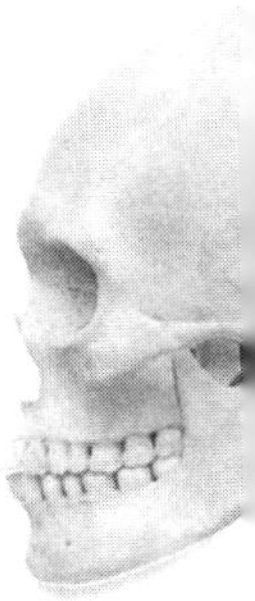

Plötzlich entdeckst du auf dem Boden ein paar große Steine. Ohne nachzudenken, greifst du zu und rammst den Stein dem ersten Kojoten, der sich dir bis auf Reichweite nähert, weit in die aufgerissene Schnauze.

Verdutzt springt das Raubtier zurück und versucht winselnd, die Maulsperre loszuwerden, aber er kann den Stein weder ausspucken noch hinunterschlucken. Der Rest des Rudels beobachtet ihn interessiert bei seinem wilden Tanz. Das ist eure Chance!

Ihr hebt weitere Steine auf und schleicht langsam rückwärts auf die Bäume zu. Als ihr 20 Schritte zwischen euch und das Rudel gebracht habt, rennt ihr los. Theo hat die Angst beflügelt, er sitzt als Erster auf der Birke. Ist er geflogen?

Du steigst ihm hinterher und bretterst dem nächsten Kojoten einen Stein vor den Latz. Doch nun haben die Tiere jeden Spaß an der Jagd verloren. Alle gleichzeitig stürzen sie sich auf Hektor, der noch am Boden ist.

Ihr reicht ihm von oben die Hände, aber einer der Kojoten hat sich in Hektors Bein verbissen, sodass ihr ihn mit nach oben zieht. Hektor brüllt vor Schmerz auf, trotzdem versucht er mit heftigen Bewegungen, das Tier abzuschütteln.

Endlich gelingt es ihm. Jaulend landet der Kojote im Fluss, der sich an den Bäumen vorbei durch die Prärie schlängelt. Mit eingekniffenem Schwanz klettert er ans Ufer. Mitleid hast du keins: Er hat Hektor eine tiefe Wunde am Unterschenkel zugefügt!

Du weißt von seinen Boxkämpfen, dass Hektor hart im Nehmen ist, aber der Blutverlust wird ihn trotzdem bald schwächen. Jetzt heißt es handeln.

Und das Schicksal meint es gut mit euch – unter eurem Baum liegt ein fahrbereites Kanu!

„Das kommt wie gerufen“, stammelt Hektor schwach.

„Kommt nicht infrage“, sagt Theo. „Wer weiß, wem das gehört.“

Wieder einmal bleibt die Entscheidung an dir hängen.

→ (159) **Ihr klettert zu dem Kanu hinab und fahrt damit flussabwärts.**

→ (146) **Mitten im Indianerland ein Kanu klauen? Ihr lasst es lieber, wo es ist, und watet durchs Wasser. Auch da werden euch die Kojoten nicht folgen.**

→ **Ihr habt sicher gute Chancen,** den 300 Indianern zu entkommen – gefesselt, müde und ohne jede Kenntnis der Umgebung ... Zumindest im *Comic.* Im *echten* Leben ist jedoch nach drei Metern Endstation.

Weil ihr die Komantschen durch euren plumpen Fluchtversuch schwer beleidigt habt, seid ihr nicht einmal des Marterpfahls würdig. Man bringt euch zwei Meilen vom Lager weg, buddelt euch bis zum Hals in die Erde ein, bestreicht eure Gesichter mit Honig und legt eine süße Fährte zu den benachbarten Ameisenhaufen.

Wer jetzt noch lacht, hat bereits den Verstand verloren.

→ ⊗ **Ein unvergessliches ENDE.**

→ **Ihr geht also auf Nummer sicher.** Mit wenigen Paddelschlägen steuert ihr geräuschlos die Uferböschung an – und lauft knirschend auf Grund. Ein spitzer Stein hat die Birkenrinde des Kanus aufgerissen. Flusswasser dringt sprudelnd ins Boot und durchnässt eure neuen Mokassins.

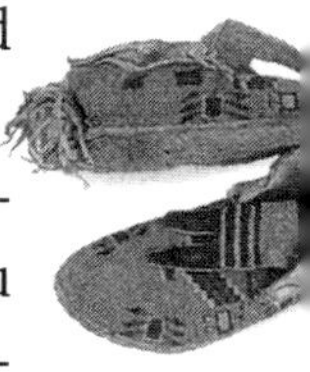

Ihr bückt euch hastig, um den Schaden zu begrenzen. Durch diese Unachtsamkeit rammt euer Kanu das Ufer und zerstört dabei die Nester einer Großfamilie von pelzigen Vogelspinnen. Gereizt stürzen sie sich auf euch – wer hätte gedacht, dass die Viecher so gut springen können? Theo macht panisch einen Schritt zurück, rutscht mit den nassen Schuhen aus, knallt mit dem Hinterkopf auf ein Paddel und bleibt bewusstlos liegen.

Das Paddel wirbelt durch die Luft und trifft den Stamm des giftigen Baumes, unter dem ihr gelandet seid. Seine fauligen, zermatschten Früchte fallen herab, vermischen sich mit dem aufgewühlten Wasser zu einer grünlich dampfenden Schwefelsuppe, die ätzend Hektors Hose zerfrisst, in seine Wunde dringt und ihn sofort vom Hals abwärts lähmt.

Sein letzter, irrsinniger Schrei lockt die blutrünstigen Kiowa an, die auf der Suche nach den Weißen sind, die ihren Totempfahl geschändet haben und an denen sie sich grausam rächen wollen.

Der erste Speer verfehlt dich und trifft stattdessen einen Felsen. Ein Brocken löst sich und halbiert das Kanu: Theo treibt in seiner Hälfte auf den tosenden Wasserfall zu und wird nie wieder gesehen.

Hektor und du habt keine Zeit, ihm hinterherzuwinken, denn in diesem Moment taucht ein verirrter Piranhaschwarm vom Amazonasbecken auf, der euch beide innerhalb von fünf Sekunden bis auf die Knochen abnagt – zum Bedauern der Geier, die gerade herbeifliegen ...

→ 148 **Das nennst du Nummer sicher? Dann wähle vielleicht doch besser den unsicheren Weg!**

→ **Gut gemacht!** Du fändest es schließlich auch nicht toll, wenn Fremde in deinen Garten stürmen und nicht einmal grüßen würden. Auch in der Not müssen die Regeln der Höflichkeit beachtet werden.

Du verneigst dich vor den Kriegern, Theo reicht dir mit sicherem Abstand einige Biberfelle. Ohne Worte legst du sie den Männern vor die Füße.

Der Große mit dem Tomahawk nickt kurz, aber sein Blick ist längst zu deinem bewusstlosen Freund im Kanu gewandert. Ihm scheint sofort klar zu sein, warum ihr hier seid. Er ruft einem Jungen im Lendenschurz etwas zu, der daraufhin den kleinen Abhang zum Lager hinaufrennt. Dann sagt der Krieger noch etwas, und augenblicklich stürzen fünf Männer zum Kanu. Theo vergräbt sich verstört unter den Fellen.

Die Männer heben das Kanu aus dem Wasser und setzen es auf ihre starken Schultern. Theo, der wie am Spieß brüllt, beachten sie nicht weiter. Kraftvoll laufen sie zum Lager hinauf und tragen Hektor und Theo mitsamt Kanu vor ein Tipi. Rasch folgst du ihnen. Die wilde Bemalung des Zeltes zeigt an, dass es sich bei seinem Bewohner um einen besonderen Mann handelt: den Medizinmann.

Vor dem Tipi sind lange Stangen in die Erde gerammt, an denen Federn und bunte Haarbüschel

wehen. Auf manche Stöcke ist der Totenschädel eines kleinen Tiers gesteckt, eines Hasen oder Fuchses. Auch Krallen von Adlern entdeckst du.

Gerade als die Männer das Kanu auf dem Vorplatz abstellen, öffnet sich die Türklappe des Tipis. Ehrfürchtig senken alle ihre Köpfe. Der Medizinmann ist neben dem Häuptling der wichtigste Mann eines Indianerstammes. Er kann Regen herbeizaubern, Jagdbeute anlocken und Kriegsglück heraufbeschwören. Vor allem aber heilt er jede Krankheit. Du senkst ebenfalls den Kopf.

Doch aus dem Zelt tritt nur der kleine Junge vom Fluss, den der Krieger vorausgeschickt hat. Du überlegst nicht lange. Wenn der Medizinmann nicht rauskommt, müsst ihr eben zu ihm hineingehen. Zusammen mit Theo hievst du den hilflosen Hektor aus dem Kanu und willst ins Tipi des Medizinmanns treten. Da stellt sich der große Krieger in euren Weg und sagt etwas – was soll das wohl bedeuten?

→ 175 **Ist doch klar! Ihr müsst zuerst den Häuptling begrüßen. Ihr geht zu seinem Tipi.**

→ 169 **Ist doch klar! Ihr müsst dem Medizinmann ein Geschenk machen. Theo soll ihm das Messer anbieten, das er in seinem Strumpf versteckt hat.**

→ **Ob das Kanu** wohl den drei Sioux-Kriegern gehört, die brüllend auf euch zukommen? Zumindest wirken sie sehr wütend …

Die Indianer tragen nichts als einen Lendenschurz und haben ihre Gesichter und die kräftigen Oberkörper mit grellen Farben bemalt. Kein Zweifel: Sie sind auf dem Kriegspfad. Ihre Tomahawks schwingend, flitzen sie mit ungeheurer Geschwindigkeit auf euch zu.

Gut, dass wenigstens der verletzte Hektor schon im Kanu liegt. Theo springt hinzu, du schiebst das Boot mit aller Kraft auf die Mitte des Flusses, dahin, wo die Strömung am stärksten ist. Nur fort von hier!

Trotzdem holen die drei Sioux mächtig auf. Wie du erkennen musst, sind sie ausgezeichnete Schwimmer. Der schnellste von ihnen, ein junger Krieger mit drei Adlerfedern im langen schwarzen Haar, stürzt sich kopfüber in die Fluten und krault hinter euch her. Die anderen beiden senden euch Pfeile nach, die zum Glück nur das Boot treffen, und laufen dann am Ufer entlang.

Während du versuchst, ins Kanu zu klettern, beginnen Hektor und Theo schon, fieberhaft zu paddeln. Leider sind sie sich wie immer nicht einig, sodass sich das Kanu im Kreis dreht. Jetzt taucht

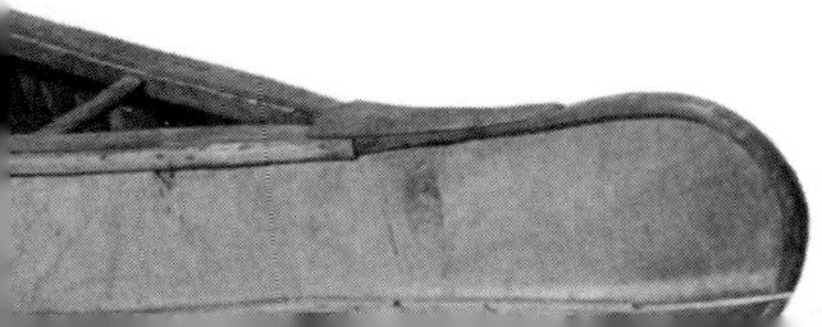

keine 20 Meter hinter euch der wütende Sioux auf. Unter Wasser hat er sein Knochenmesser gezogen und trägt es nun einsatzbereit zwischen den Zähnen. Seine Augen blitzen vor Entschlossenheit. Wer sich an sein Eigentum heranmacht, muss dafür mit dem Leben büßen – und mit seinem Skalp. Und du bist ihm am nächsten ...

Als wäre diese Gefahr noch nicht groß genug, hörst du plötzlich ein Sirren. Zwei Pfeile sausen direkt auf dich zu! Dir bleiben nur zwei Möglichkeiten: Entweder du ziehst dich ins Boot – dann wirst du von den Pfeilen durchbohrt. Oder du lässt dich zurück ins Wasser gleiten – dann wirst du von dem Schwimmer massakriert.

Theo springt in Deckung, jetzt ist Hektor gefragt. Er steht mit wackligen Beinen auf, holt mit dem Paddel aus und drischt die beiden Pfeile kurz vor deinem Rücken gezielt nach unten weg. Das jahrelange Tennistraining zahlt sich aus. Treffsicher bohrt sich einer der Pfeile in die Hand des schwimmenden Sioux, der andere ritzt ihm das Ohr. Laut schimpfend, taucht er unter.

Aber du bist endlich vollständig im Kanu und greifst nach dem zweiten Paddel, das Theo ohne Protest loslässt. Abwechselnd taucht Hektor und du die Paddel links und rechts in den Fluss.

Die beiden Krieger am Ufer folgen euch noch eine Weile, dann bleiben sie stehen. Ihre Blicke versprechen: Wenn sie euch noch einmal begegnen sollten, werdet ihr für diese Schmach zahlen! Wer die Ehre eines Indianers beschmutzt, ist der schlimmste Feind!

Als ihr vollkommen sicher seid, ruht ihr einige Minuten aus.

„Mann, war das knapp“, stammelt Theo erleichtert.

Hektor grinst. „Um Pfeilspitzenbreite, sozusagen.“

Jetzt erst findest du Zeit, euer Kanu zu betrachten. Große Stücke Birkenrinde sind über ein Gerüst aus dünnen Ästen gespannt und mit sauberen Stichen fest vernäht worden. Das Kanu ist so lang, dass ihr euch hintereinander hineinlegen könnt.

Viel interessanter für euch ist allerdings der Inhalt des Bootes: Ihr liegt auf einer dicken Lage Biberfelle! Sie waren für den Handel mit weißen Trappern bestimmt, vermutest du. Zwischen den Häuten liegen auch drei neue Trapperhosen und drei Jacken aus feinstem braunem Büffelleder – ob sich die Sioux damit für einen Beutezug tarnen wollten?

Euch ist es egal, ihr zieht eure Jeans aus und streift euch die Wildwestkleidung über. Beim Anziehen stöhnt Hektor erneut. Auf seiner Stirn bilden

sich Schweißtröpfchen. Sein Zustand hat sich durch die Anstrengung natürlich nicht gebessert. Er braucht dringend Hilfe! Ihr bettet euren Freund auf die dicksten Biberfelle, und Theo übernimmt das Paddel.

Nach einigen Fehlversuchen kommt ihr rasch voran. Rechts und links von euch steht das hohe Gras der Prärie, immer wieder säumen Birken und Erlen das Ufer. Gerade als ihr euer Kanu in eine breite Flussbiegung lenkt, schiebt sich die Sonne über den Horizont. Du fühlst dich wie im Paradies: Fette Lachse und Forellen schwimmen an euch vorbei, Libellen und Schmetterlinge schwirren um euch herum. Die Sonnenstrahlen tauchen alles in ein herrliches goldenes Licht – auch die Spitzen der Tipis, die dort am Flussufer stehen!

„Oh nein! Volle Fahrt zurück!“, kommandiert Theo.

Hektor sieht dich nur flehentlich an und schüttelt den Kopf.

→ 148 **Hektor braucht dringend Hilfe! Ihr steuert mit dem gestohlenen Kanu direkt auf das Lager zu.**

→ 155 **Du gehst lieber auf Nummer sicher: Ihr versteckt das Kanu am Ufer und geht heimlich an Land.**

→ In deinem Magen grummelt es. Kein Hunger – eher ein mulmiges Gefühl, dass diese Sache hier schiefgehen könnte. Ihr kriecht vorwärts.

Im Schutz der Bäume könnt ihr auf Zehenspitzen weiterlaufen. Nachdem ihr euch ein gutes Stück von euren Kriegern entfernt habt, seht ihr ganz deutlich den Umriss im Gebüsch vor euch. Du bist froh, die gespannten Bogen von 50 Komantschen hinter dir zu wissen. Wenn ihr in Gefahr geratet, werden sie doch wohl schießen, oder?

Noch ein paar Meter weiter ist der Umriss verschwunden. War es vielleicht doch nur ein Tier?

Das Messer an deinem Hals sagt *Nein!* Ihr seid wie die Anfänger in eine Falle getappt.

Ein wütender Sioux-Krieger bedeutet euch, mit ihm ins Lager zu kommen. Theo sieht dich flehend an, Hektor nickt dir auffordernd zu. Freiwillig mitgehen oder kämpfen? Wieder mal entscheidest du.

→ (226) **Ihr geht ohne Widerstand mit dem Sioux-Krieger zum Marterpfahl.**

→ (191) **Du stößt den Arm des Kriegers weg, und ihr flieht.**

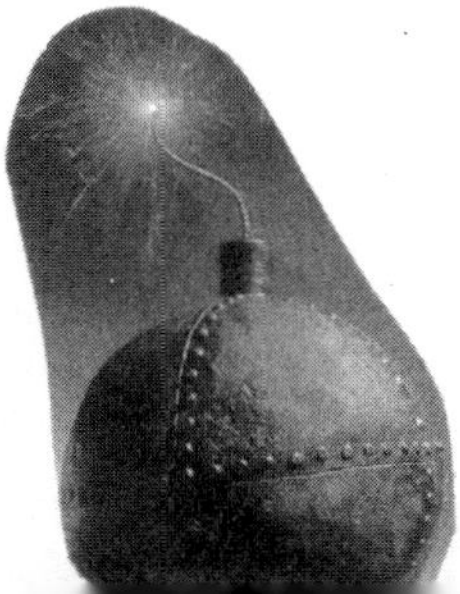

→ **Gut gemacht!** Wenn Not am Mann ist, kosten umständliche Höflichkeitsregeln nur unnötig Zeit.

Auch ohne große Worte ist den Komantschen sofort klar, warum ihr gekommen seid, als Theo und du den ohnmächtigen Hektor aus dem Kanu hievt.

Männer und Frauen bilden sofort eine Gasse, um euch mit der schweren Fracht unbehindert in ihr Dorf zu lassen. Das aufgeregte Gemurmel zeigt dir, dass sie an Hektors Schicksal Anteil nehmen.

Theo hechelt neben dir den Abhang hinauf. „Hektor sollte weniger Sport treiben!“, schimpft er. „Dann wäre er leichter zu tragen!“

Hektor öffnet kurz die Augen. „So wie du, stimmt's, Theo?“ Dann dämmert er wieder weg.

Die Stammesmitglieder folgen euch bei jedem Schritt. Auch wenn du in großer Sorge um Hektor bist, siehst du dich doch aufmerksam im Lager der Komantschen um: Büffelfelle sind aufrecht in große Rahmen gespannt und werden von Frauen mit Schabern von Fleischresten befreit. Andere Squaws werfen rot glühende Steine in Kochgefäße aus Leder und bereiten so Fleisch und Suppe vor. Wieder andere tragen in Holzgestellen ihre Babys auf dem Rücken. Alle sind in Wildlederkleider gehüllt, die aufwendig mit Holzperlen und kleinen Knochen bestickt sind.

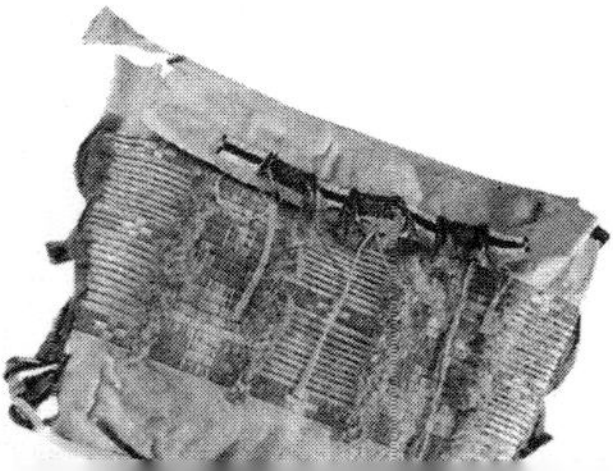

Sobald Theo und du in eurer Trapperkleidung an ihnen vorbeizieht, lassen sie ihre Arbeit liegen und eilen euch und den anderen Stammesmitgliedern hinterher. So einen komischen Zug hat es hier sicher lange nicht gegeben. Auch aus den Tipis kommen immer noch mehr Männer, Frauen und Kinder. Wenn du dich bloß mit ihren Sitten besser auskennen würdest.

→ (175) **Vor dem prächtigsten Zelt bleibt ihr schließlich stehen. Dies muss das Häuptlingstipi sein.**

→ (212) **Vor dem kleinsten Tipi bleibt ihr schließlich stehen. Indianer sind bekanntlich sehr bescheiden – dies muss das Häuptlingstipi sein.**

→ **Wasser finden,** wo weit und breit nur Gras zu sehen ist? Keine leichte Aufgabe!

„Am besten laufen wir schnurgeradeaus“, schlägst du vor. Theo runzelt die Stirn.

„Ja klar, irgendwann muss schließlich mal Wasser kommen, spätestens kurz vorm Nordpol ...“

Geduckt lauft ihr durch die Prärie. Plötzlich ertönt der Schrei einer Taube, ein anderer Vogel antwortet. Du zuckst zusammen: die Kundschafter! Fast gleichzeitig schmeißt ihr euch auf den Boden und haltet die Luft an.

Wieder ertönt ein Vogelschrei – direkt über euch! Theo beginnt, sein Testament herunterzuleiern. Du blickst vorsichtig nach oben. Ein riesiger Adler schießt durch die Luft, in seinen Krallen zappelt eine bemitleidenswerte Taube. Fehlalarm, diesmal waren es wirklich zwei Vögel!

Ihr lacht euch die Anspannung vom Leib. Dann steigst du zur Orientierung auf Hektors Schultern. Weit und breit nur Gras und nochmals Gras. Gerade als du wieder zu den anderen beiden hinabsteigen willst, schiebt sich der allererste Sonnenstrahl über den Horizont. Keine 200 Meter vor euch blitzt es kurz auf. Da der Fotoapparat noch nicht erfunden ist, kann das nur eins bedeuten: Dort drüben muss Wasser sein!

Plötzlich knickt Hektor unter dir ein, und du landest im Dreck. So was ist ihm noch nie passiert! Beschämt entschuldigt er sich. Dann rennt ihr mit lautem Gejohle die letzten Schritte.

Durch den langen Marsch und das Eingraben seid ihr nicht nur schmutzig, sondern auch durstig geworden. Ihr braucht nicht nachzuschauen, ob irgendjemand seine Chemieabfälle in den Fluss leitet. Dieses Wasser ist klarer als alles, was du bis jetzt in deinem Leben gesehen hast – und schmeckt besser als der leckerste Saft!

Theo lässt sich auf die Knie fallen und schlürft genüsslich. Hektor und du schöpft Wasser mit den Händen und trinkt. Dann ist Waschzeit. Ihr zieht die schmutzverkrustete Kleidung aus und wascht sie im Fluss, bis ihr euch damit wieder unter Menschen trauen könnt. Nur Hektors Hose ist noch dreckig, aber er weigert sich, sie auszuziehen.

„He, gib den Fetzen schon her, oder schämst du dich für deine Kinderunterhose?" Theo kichert und haut Hektor freundschaftlich aufs Bein. Der Lange bricht zusammen, seine Hose färbt sich rot: Blut!

Mit bleichem Gesicht erzählt er, was passiert ist: Einer der Sioux hat vor Wut über eure Flucht seinen Speer in den Boden gerammt und zufällig Hektors Unterschenkel getroffen. Weil ihr euch keine Sorgen machen solltet, hat Hektor bisher geschwiegen und ist mit der tiefen Wunde weitergelaufen.

Theo ist sauer. „So eine Speerwunde ist kein Kratzer! Mit deinem blöden Stolz gefährdest du den ganzen Auftrag!“

„Es tut mir leid“, sagt Hektor. „Ich wollte euch nicht zur Last fallen!“

„Zur Last fallen? Wir sind deine Freunde!“, schimpft Theo weiter und tritt wütend vor einen Stein.

Auch du bist besorgt. Was macht man in der Wildnis mit einem Verletzten? Du siehst dich um. Der breite Fluss schlängelt sich ruhig durch die Prärie, an einigen Bäumen und Büschen vorbei. Und wenn deine scharfen Augen nicht alles täuscht, liegt unter ihnen ein fahrbereites Kanu!

→ 159 **Das Kanu kommt wie gerufen. Auf dem Fluss kommt ihr ohne Anstrengung und schnell vorwärts.**

→ 146 **Ihr lasst besser die Hände von dem Kanu. Vielleicht ist der Besitzer in der Nähe. Besser, ihr baut euch aus Ästen ein Floß.**

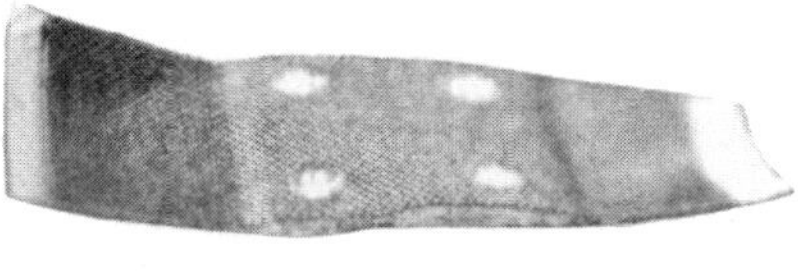

→ **Durch die heftige Bewegung** öffnet sich Theos Rucksack, und die Friedenspfeife von Häuptling Mehr-als-drei-Leben rollt zwischen die staunenden Krieger.

Alle sehen euch mit strengem Blick an, dessen Bedeutung nicht schwer zu erraten ist: *Ihr* also habt die Pfeife des feindlichen Häuptlings geklaut, *ihr* seid der Grund für den schlimmen Krieg mit den Sioux!

Während die stärksten Krieger dich und Theo fesseln, machen die Frauen ein Feuer und schärfen Äxte und Messer. Gemeinsam mit ihren guten Freunden, den Sioux, werden sie am Abend neue Spiele an euch ausprobieren: das Ohrabschneidespiel, das Armritzspiel, das Tomahawk-Schädelklopf-Spiel und vor allem das Feuerspiel der 1000 Qualen.

→ ⨂ **Ein lehrreiches ENDE.**

→ **Irgendwas hat dich** nach links gezogen, aber kannst du deinen Gefühlen auch trauen?

Ihr robbt im großen Bogen um das Lager herum. Zwischendurch bleibt ihr immer wieder liegen und horcht. Wenn alles still ist, geht's weiter – ein mühseliges Geschäft, dafür ist es so einigermaßen sicher, dass ihr eure Kopfhaut behaltet. Trotzdem musst du als Anführer eures kleinen Spähtrupps einen Moment unachtsam gewesen sein, denn plötzlich stößt deine Nase an eine Speerspitze!

Als ihr hochschaut, seht ihr vor euch zum Glück keinen feindlichen Wachposten, sondern nur eine Konstruktion aus Speeren, die kreuzweise in den Boden gesteckt sind. Obenauf liegt ein langes Paket, in ein Bärenfell gewickelt.

„Eine Totenbahre!“, flüstert Hektor und schluckt. Dir läuft es eiskalt den Rücken runter. Dort oben liegt ein toter Sioux!

Theo drängelt weiter, doch Hektor zeigt auf einen Umriss im Gebüsch. Ist das Listiger Mustang?

→ (225) **Du läufst winkend auf ihn zu und grölst dabei *Da steht ein Pferd auf dem Flur*.**

→ (223) **Vorsichtig rufst du wie ein Sumpfhuhn.**

→ **Du beginnst zu sprechen,** doch natürlich verstehen die Komantschen deine Worte nicht. Sie werden allmählich unruhig, weil sie endlich wissen wollen, wo ihr herkommt.

Als du die Jagdszenen auf dem Zelt des Medizinmanns siehst, hast du die rettende Idee: Bilder versteht jeder! Du malst den Indianern euren Weg zum Lager in den Sand. Mit einem Stock ziehst du geschwungene Wellenlinien für den Fluss, kurze, gerade Striche für das Gras der Prärie und Strichmännchen für euch drei.

„Der Dicke da ist Hektor, oder?“, fragt Theo, aber Häuptling Der-die-Sterne-liest zeigt mit seinem Tomahawk lachend auf Theo. Die anderen Komantschen stimmen in das freundliche Lachen ein – auch Theo.

Du zeichnest eine abenteuerliche Geschichte von einem Planwagenzug und wie ihr ihn verloren habt. Staunend blicken 300 Indianer in den Sand.

Schließlich nickt ihr Häuptling, legt die Hand an den Mund und ahmt den Ruf eines Kojoten nach. Augenblicklich öffnet sich von innen die Türklappe zum Tipi des Medizinmanns. Ihr stemmt den bewusstlosen Hektor hoch und tretet mit dem nötigen Respekt in das Zelt des Medizinmanns ein.

Als deine Augen sich an die Dunkelheit gewöhnt

haben, siehst du an der Zeltwand einen zusammengesunkenen Mann sitzen. Auf seinem Kopf trägt er ein Stück Fell mit den Hörnern eines Büffels, um den Hals eine dicke Kette aus Bärenkrallen. Seine Lederkleidung ist mit Fransen aus verschiedenen Tier- und Menschenhaaren behängt, sein Gesicht düster bemalt. Rhythmisch bewegt er sich vor und zurück, wobei gurrende Laute wie von einer Taube aus seiner Kehle dringen.

Dann stockt dir der Atem: Ohne mit dem Gesinge aufzuhören, greift er mit der bloßen Hand in die Glut, die mitten im Zelt glimmt, und holt einen heißen Stein heraus. Eigentlich müsste seine Haut auf der Stelle verbrutzeln, doch der Medizinmann verzieht keine Miene. Jetzt erst siehst du seine Augen. Sie haben sich in Trance nach oben gerollt, nur das Weiße ist zu sehen. Mit dem glühenden Stein in der Hand kommt er auf euch zu – du hast ihn gar nicht aufstehen sehen ...

Theo weicht einen Schritt zurück, doch du weißt, nur dieser Mann kann euch helfen. Er bedeutet euch, Hektor neben der Glut auf den Boden zu legen. Du willst ihm zeigen, wo die Wunde deines Freundes ist, doch der Medizinmann schiebt dich an die Seite und rollt Hektors Hosenbein hoch. Er lässt den heißen Stein über der Verletzung kreisen.

Dann blickt er dich an und öffnet die Lippen, seine Augen sind nun so klar wie das Wasser im Fluss.

„Weißer Mann kommen spät“, flüstert der Medizinmann – und zu deiner Überraschung kannst du ihn verstehen! „Böser Geist fast hier.“ Er zeigt auf Hektors Brust, genau dahin, wo das Herz ist. „Nur Singender Büffel können noch helfen!“

Dann drehen sich die Augen des Mannes wieder nach hinten, er greift nach einer faustgroßen Rassel und fängt wieder an zu singen. Aus einem Lederbeutel am Gürtel, der mit Vogelkrallen versehen ist, wirft er getrocknete Kräuter in die Glut. Augenblicklich wird es kochend heiß im Raum, wie in einer Sauna. Dir steigen die Tränen in die Augen. Während Singender Büffel um Hektors Trage herumtanzt, wird dir schwindelig. Auch Theo ist kreidebleich im Gesicht. Die stickigen Dämpfe und der beißende Geruch der Kräuter nehmen euch den Atem, benommen stolpert ihr aus dem Tipi.

Die indianischen Krieger draußen lachen, als ihr keuchend im Sand liegt. Mit ihren Fingern zeichnen sie aufsteigenden Dampf in die Luft. Sie kennen die Magie von Singender Büffel bestens.

„Wir dürfen Hektor nicht da drin lassen“, meint Theo, als er wieder sprechen kann. „Der kommt ja kränker raus, als er reingetragen wurde!“

„Das bezweifle ich!“, sagt hinter euch eine bekannte Stimme. Ihr dreht euch um und erstarrt. Es ist Hektor! Die Blässe ist aus seinem Gesicht gewichen, die Augen strahlen wieder Mut und Verstand aus. Und sein Unterschenkel sieht aus, als habe sich dort nie eine Wunde befunden. Keine Narbe, nicht einmal Schorf ist zurückgeblieben.

Theo klappt vor Staunen der Unterkiefer herunter. „Wie hat er das gemacht?“, fragt er.

Hektor zuckt mit den Achseln. „Als ich wieder zu mir kam, hielt er gerade einen Strohhalm in meine Wunde – und saugte den bösen Geist aus! Danach konnte ich sofort aufstehen und zu euch gehen.“

„Dann können wir uns jetzt ja endlich um die Friedenspfeife kümmern“, sagt Theo, doch in diesem Moment kommt Häuptling Der-die-Sterne-liest auf euch zu und umarmt Hektor. Um die glückliche Heilung zu feiern, lädt er euch ein, an einem besonderen Ereignis teilzunehmen. Ihr habt die Wahl zwischen dem Sonnentanz und der Büffeljagd.

→ 179 **Theo möchte den Sonnentanz erleben. Ihr geht zum größten Zelt.**

→ 192 **Hektor möchte auf die Büffeljagd. Das ist bestimmt spannender als so ein Tanz.**

→ **Das Häuptlingstipi** ist besonders dicht bemalt. Jede Zeichnung erinnert an eine Heldentat des Bewohners. Du erkennst Büffeljagdszenen und einen Kampf Mann gegen Mann, einen gefährlichen Ritt auf einem Wildpferd und die Jagd mit einem abgerichteten Adler. Besonders viele Bilder rühmen die Kraft und Ausdauer des Häuptlings auf dem Kriegspfad gegen andere Stämme.

Du weißt beim Anblick dieser Bilder nicht, ob du rufen oder einfach so in das Zelt treten sollst. Beides könnte den Mann erschrecken, und dass er offenbar so gut mit Speer und Axt umgehen kann, macht dich in diesem Augenblick auch nicht glücklicher.

Als du eben Luft holst, um laut eure Namen aufzusagen und so eure Ankunft anzukündigen, wird die Eingangsklappe des Tipis zurückgeschlagen.

Das Gesicht eines mittelalten Mannes erscheint. Gebückt tritt er aus seinem Zelt und richtet sich auf. In seinem Blick liegt Weisheit, aber auch Entschlossenheit und Kraft. Auf dem Kopf des Häuptlings thront ein Federschmuck, wie du ihn noch nie gesehen hast: Feder an Feder reiht sich vom Scheitel des Indianers bis zu seinen Mokassins. Viele Federn sind zusätzlich bemalt oder eingeritzt, jede von ihnen hat eine besondere Bedeutung, die alle Stammesmitglieder kennen.

Gerade als du ihm in Zeichensprache erklären willst, wie es zu Hektors Verletzung kam, ertönt hinter dir ein durchdringendes Schrillen!

Der Häuptling und alle Krieger greifen zu ihren Waffen und werfen sich flach auf die Erde. Auch du fährst herum – und siehst Theo hektisch an seinem Handgelenk herumfummeln: Es ist die Weckfunktion seiner neuen Armbanduhr! Wie kommt ihr aus *der* Nummer bloß ohne Schaden wieder raus?

→ 136 **Ihr versucht mit Händen und Füßen, die Funktionsweise einer Digitaluhr zu erklären.**

→ 169 **Ihr werft euch ebenfalls auf den Boden und bittet um Gnade.**

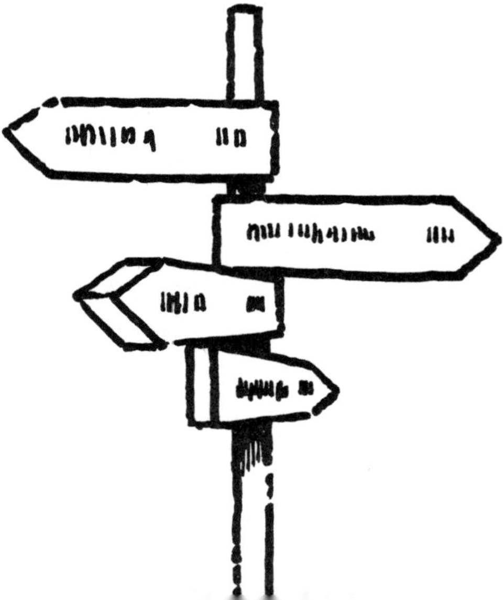

→ **Ihr fragt wütende Sioux-Krieger** nach dem feindlichen Häuptling, der ihre Friedenspfeife gestohlen haben soll?

Das Gespräch wird sehr kurz und einseitig: Drei Sioux, drei neue Skalps – Häuptling Mehr-als-drei-Leben wird stolz sein auf seine tapferen Krieger.

Ihr jedenfalls tragt von jetzt an besser immer einen Hut …

→ ⊗ **Ein messerscharfes ENDE.**

→ **Kurz bevor man** euch in den reißenden Wasserfall stößt, der unweit vom Lager in die Tiefe donnert, tritt eine junge Squaw an die wütenden Krieger heran. Sie spricht leise, aber bestimmt mit ihnen und hält ihnen dabei den Sioux-Pfeil unter die Nase, der sich bei eurer Flucht ins Kanu gebohrt hat. Du verstehst Dakota, immer wieder Dakota.

Plötzlich lacht der Anführer der Krieger laut los – er muss verstanden haben. Ihr seid keine Freunde der Dakota, ihr habt nur deren Boot gestohlen und seid von ihnen verfolgt worden!

Mit seinem Knochenmesser zerschneidet er eure Fesseln und entschuldigt sich bei euch. Dann wirft er sich Hektor über die Schulter und rennt vor euch her ins Dorf zurück.

→ (171) **Es wird Zeit, den Verletzten dem Medizinmann vorzuführen, ehe es zu spät ist. Theo und du, ihr bekommt eine zweite Chance, eure Geschichte zu erzählen.**

→ **Theo, Hektor und du,** ihr seid die ersten Weißen, die am Sonnentanz teilnehmen dürfen. Wie der Häuptling Hektor erklärt, wird dieser Tanz durchgeführt, um die Jünglinge des Stammes in die Erwachsenenwelt aufzunehmen und die Geister für den Kampf gegen die Sioux milde zu stimmen. Bereits vor Tagen, erzählt er, ist im größten Tipi mit diesem uralten Ritual begonnen worden.

Als ihr eintretet, stockt dir der Atem: Im Zelt befindet sich ein Gerüst aus starken Pfosten, an dem sechs junge Männer hängen! Sie sind an Brust und Rücken mit starken Haken durchbohrt, die an Seilen befestigt sind. So baumeln sie mitten im Zelt.

„Wofür werden die bestraft?“, fragt Theo leichenblass. Hektor weiß Bescheid. „Das ist keine Strafe, es ist eine große Ehre. Die Jünglinge lernen, den Schmerz zu überwinden, und können vor dem gesamten Stamm ihren Mut beweisen. Wenn der Tanz vorbei ist, sind sie Männer!“

Dir wird ganz anders. Genau wie Theo hast du dir den Sonnentanz etwas lustiger vorgestellt. Du siehst dich um. In dem großen Zelt sind fast alle Männer des Stammes versammelt. Manche Gesichter kennst du schon, andere sind dir fremd. Viele rauchen aus dicken Pfeifen, andere tanzen zum dumpfen Rhythmus einer bauchigen Trommel. Zwischen den Füßen der pendelnden Jünglinge hindurch tanzt Singender Büffel.

Für die Indianer mag es eine Ehre sein, sich das Fleisch zu durchbohren und sich für Stunden in die Höhe ziehen zu lassen, du aber hast genug gesehen. Auch Theo und Hektor wollen gehen.

Doch hinter euch steht der Häuptling und schiebt euch zum Fuße eines der Pfosten, wo ein Krieger mit strengem Gesicht drei weitere spitze Haken an Seile knüpft. Komisch, alle Jünglinge des Stammes hängen doch bereits dort oben.

Moment – *drei* Haken? Ihr seid drei Personen, das muss ein Zufall sein, oder? Nein, ist es nicht. Die Komantschen wollen euch die große Ehre erweisen, die nur die mutigsten Männer und ganz wenige Frauen erfahren: die Teilnahme am Sonnentanz. Die habt ihr doch der Büffeljagd vorgezogen, oder nicht?

Hektor blickt furchtlos auf die Haken. Theo winselt verzweifelt. „Tu doch was!“

→ 184 **Ihr nutzt das Überraschungsmoment und stürmt auf dein Zeichen hin aus dem Tipi.**

→ 187 **Ihr nehmt die Ehre an und lasst euch an Haken in die Zeltkuppel ziehen. Autsch!**

→ **Es ist durchaus möglich,** sich in einem Holzfass die Niagarafälle, die größten Wasserfälle der Welt, hinunterzustürzen. Zehn Prozent der Insassen sollen es sogar überlebt haben und waren für den Rest des Lebens glücklich ans Krankenhausbett gefesselt. Ihr aber habt nur ein Kanu aus Birkenrinde ...

→ (200) **Versuch's doch einfach mal mit einem Sprung, mhh? Dies sind nicht die Bundesjugendspiele, du bekommst auch garantiert keine Note dafür – Indianerehrenwort!**

→ **Ob das die richtige Entscheidung war?** Seit knapp einer Stunde klettert ihr aufwärts. Die letzten Spuren von Pflanzen sind auf dem kargen Gestein verschwunden. Hier ist nichts mehr außer Geröll, Felsen, Steinen. Und ab und zu eine Höhle. Da die Sonne mittlerweile erbarmungslos vom Himmel brennt, ruht ihr euch in einer dieser Höhlen aus.

„Ich will zu Straßenbahnen und Taxis zurück!“, jammert Theo und wischt sich den Schweiß von der Stirn. „Und auf den Magier bin ich auch sauer! Nie bringt er uns direkt an unseren Einsatzort, immer müssen wir erst ewig rumsuchen!“

Aus dem Inneren des Bergs hallen Theos Worte mit lautem Echo zurück. Aber halt! Das Echo ist Komantschensprache!

Hektor hebt einen Stein auf und geht weiter in die Höhle hinein. Ihr folgt ihm zögernd.

„Kommt schnell, wir brauchen eure Hilfe!“, ruft er euch plötzlich aus dem Dunkeln zu. Hektor kniet vor einem Komantschen-Krieger, der bis zum Po in einer Felsspalte steckt. Der Indianer redet eifrig auf euch ein. Hektor übersetzt. „Er wollte nachts das Lager der Sioux ausspionieren. Bis zum Einbruch der Dunkelheit wollte er sich hier drin verstecken und ist dabei eingebrochen – vor drei Tagen schon!“

Der Mann zeigt verzweifelt in eine Ecke der Höhle. Dort liegt – direkt vor seinen Augen und doch unerreichbar – ein Lederbeutel mit Wasser. Theo hält ihn dem Erschöpften an die Lippen, und er trinkt mit tiefen Zügen. Morgen wäre er verdurstet.

Dann hämmert ihr alle drei los. Mit spitzen Steinen verbreitert ihr die Spalte, bis sich das Bein des Kriegers vorsichtig herausziehen lässt. Es ist gebrochen, der Komantsche kann unmöglich zum Lager zurückgehen.

Hektor hat die rettende Idee, immerhin war er heute schon einmal in einer ähnlichen Lage. Er flitzt den Berg hinab und kehrt kurz darauf mit zwei kräftigen jungen Kiefernstämmen zurück. Dann zieht ihr eure Hosen aus und schiebt die Stämme durch die Beine. So entsteht eine erstklassige Trage. Das Leder hält das Gewicht des Indianers spielend.

Der Krieger dirigiert euch in kürzester Zeit zum Lager der Komantschen zurück. Jetzt müsst ihr euch entscheiden: Geht ihr mit?

→ 206 **Natürlich! Ihr tragt den Mann direkt vors Zelt des Häuptlings.**

→ 219 **Natürlich nicht, ohne Hose! Ihr setzt den Mann ab und verzieht euch schleunigst.**

→ **Ohne groß nachzudenken,** rennt ihr aus dem Zelt und habt bald das Lager der Komantschen verlassen. Singender Büffel ruft euch zwar mit erhobenen Armen ein paar Komantschenworte hinterher, aber ihr werdet nicht verfolgt.

Am Ufer springt ihr in ein Kanu und paddelt auf den Fluss hinaus. Ihr habt nun zwei Probleme: das Lager der Sioux zu finden und die Pfeife unauffällig zu übergeben. Nur so könnt ihr den Kampf zwischen den Stämmen noch verhindern.

„Ich paddel gar nicht mehr, und doch werden wir immer schneller!" Theo lacht erfreut. Es gefällt ihm, sich nicht anstrengen zu müssen. Seine Worte rütteln dich wach – jetzt erst bemerkst du das laute Tosen. Ein Tosen, wie wenn Wasser viele Meter in die Tiefe rauscht. Ihr seid kurz vor einem Wasserfall! Sosehr ihr euch auch anstrengt, das Kanu ist nicht mehr zu wenden.

Nun heißt es schnell handeln. Aber wie?

→ (200) **Du springst auf einen Baum, dessen Äste tief über dem Wasser hängen, und ziehst die anderen ans Ufer.**

→ (181) **Ihr baut aus den Biberfellen eine Art Airbag und stürzt euch den Wasserfall hinunter.**

→ **Die Prärie hat seit eurer Ankunft** nichts von ihrer Weite eingebüßt. Gras, überall Gras! Jetzt gegen Mittag ist die Landschaft aber viel lebendiger geworden: Kraniche schnattern, sogar zwei Antilopen erschreckt ihr, die im Zickzack davonspringen.

Plötzlich hältst du die Finger an die Lippen. Du hast etwas gehört – vielleicht die Späher der Sioux? Obwohl, es klingt mehr wie ein Schmatzen. Ihr schleicht euch gegen den Wind an. Vor euch grast eine Herde Wildpferde. So ein Wildpferd als Geschenk dürfte die Komantschen mit euch versöhnen. Denn ohne ihre Hilfe werdet ihr das Lager der Sioux nie finden, das ist dir inzwischen klar. Nur, wie wollt ihr ein Pferd fangen, ohne Hilfsmittel?

„Viele Indianer reiten ihre Mustangs ohne Sattel, also was soll's!“, meint Hektor. Während Theo und du noch über die Bedeutung dieses Satzes nachdenkt, setzt Hektor seine Brille ab und kriecht weiter auf die Pferde zu. Es sind schöne Tiere, kräftig, mit rotbraunem Fell und langer Mähne. Plötzlich bäumt sich eines von ihnen wild auf: Auf seinem Rücken sitzt Hektor und krallt sich mit beiden Händen in der Mähne fest.

Das Pferd versucht mit aller Gewalt, das ungewohnte Gewicht loszuwerden. Wütend bockt der Mustang und schlägt nach allen Seiten aus.

„Was Hektor kann, kann ich schon lange!“, brüllt Theo todesmutig, setzt seine Hände wie beim Bockspringen auf das Hinterteil eines anderen Pferdes und schwingt sich nach oben. Was nun folgt, würde in jedem Zirkus für volle Kassen sorgen. Dein dicker Freund hüpft wie ein Gummiball auf dem Mustang hin und her. Mal hat er die Mähne in seinen Fäusten, mal den Schwanz. Mal hängt er unter dem Bauch des Tieres, mal vor dem Hals. Endlich aber gibt sich der Hengst geschlagen und geht unter dem Gewicht des Reiters in die Knie. Sein Wille ist gebrochen, er wird ab jetzt ein treues Reittier sein.

Auch du hast in der Zwischenzeit ein Pferd zähmen können. Nun steht ihr alle drei nebeneinander und fühlt euch wie Westernhelden. Mit den Pferden findet ihr rasch den Fluss, folgt der Strömung und seid bald darauf am Rand des Lagers. Dort zögert ihr. Ob euer Plan funktionieren wird?

→ 206 **Ihr steigt ab und bringt die Pferde direkt zum Häuptling.**

→ 219 **Ihr steigt ab, schickt die Tiere sicherheitshalber allein voraus und wartet erst mal ab.**

→ **Respekt!** Ihr habt wirklich Mut wie ein Indianer! Doch gegen die Schmerzen des Sonnentanzes wird euch das auch nicht helfen.

Und die kommen nun auf euch zu. Theo blickt noch einmal zu den Jünglingen empor, die dort baumeln, ohne eine Miene zu verziehen. Nichts an ihnen verrät etwas von den Schmerzen, die sie ertragen.

Theos Gesicht verrät hingegen sehr deutlich, was er denkt: Er hat keine Lust zu so einem Spielchen, sollen die Indianer doch ruhig glauben, er sei ein feiger Hund! Und dir geht es, ehrlich gesagt, nicht anders.

Nur Hektor behält die Nerven, als Singender Büffel und Der-die-Sterne-liest euch die Haken an die Brust halten, und spricht sie in ihrer Sprache an. Der-die-Sterne-liest ist verblüfft und wendet sich dem Medizinmann zu.

„Was hast du denn bloß gesagt?“, will Theo wissen. „Dass er unseren Mut auf andere Weise testen soll!“, antwortet Hektor.

Singender Büffel nickt euch ernst zu. „Weiße Fremde haben Sonnentanz der Komantschen beleidigt. Sie bekommen schwere Aufgabe!“

Drei Krieger führen euch weg, setzen euch mit verbundenen Augen auf Pferde und reiten mit euch weg. Nach langem Ritt halten sie an, befehlen euch abzusteigen und nehmen euch die Augenbinden ab. Ihr steht mitten in der Prärie. Die Komantschen erklären euch eure Aufgabe: Findet ihr bis zum Abend ins Dorf zurück, verzeiht euch der Stamm.

Was nun?

→ (182) **Ihr geht nach links, über die Berge.**

→ (185) **Ihr geht nach rechts, durch Grasland.**

→ **Über die Hügel abzukürzen** war wirklich eine tolle Idee von dir! Dass ihr unbedingt einen Blick in die Höhle am Wegrand werfen wolltet, war allerdings weniger clever ...

Nun steht ihr Auge in Auge einem ausgewachsenen Grizzlybären gegenüber. Was für ein Raubtier! Auf den Hinterbeinen stehend, überragt euch der Bär um einen guten Meter. Trotz seines zottigen braunen Pelzes ist er nicht zum Knuddeln. Mit einem Schlag seiner Pranke kann er eine Antilope fällen – oder einen Menschen!

Ihr habt sein Nickerchen gestört und seid außerdem eine willkommene Abwechslung zum dauernden Lachs und Kaviar! Dummerweise versperrt euch das Tier auch noch den Ausgang der Höhle mit seinem Körper, da ihr ihn beim Hineingehen für einen Felsen gehalten habt. Brauner Felsen – so ein Blödsinn!

Schon erhebt der Grizzly seine Pfoten und tanzt auf euch zu. Du kannst nur auf die riesigen Krallen schauen – das Ende ist nah! Die Felsbrocken, die ihr dem Untier verzweifelt entgegenwerft, scheinen ihn nur zu kitzeln.

Auf einmal schießt dir eine Frage deines Lehrers durch den Kopf: „Wie heißen die Tropfsteine, die von oben in eine Höhle ragen? Stalagmiten oder

Stalaktiten?“ Wie auch immer, hier könnten sie nützlich sein. Den letzten Gesteinsbrocken pfefferst du gezielt gegen so einen herabhängenden Tropfstein. Behäbig wackelt er, bricht knirschend ab, kracht schnurgerade abwärts und durchbohrt den angreifenden Grizzly. Rettung in letzter Sekunde!

Während Theo und Hektor dich umarmen und drücken, fällt dein Blick auf die Krallen des Bären. Ein hervorragendes Geschenk für Häuptling Der-die-Sterne-liest!

„Gute Idee!“, meint Hektor, und auch Theo nickt beifällig. Dann reicht er dir mit fiesem Grinsen sein Taschenmesser.

„Zur Belohnung darfst du dem Vieh die Pfote auch selbst abschneiden! Wir warten so lange draußen ...“

→ 206 **Ihr klettert über den Berg und bringt euer Geschenk ins Lager.**

→ **Eine gute Idee!** Zunächst klappt auch alles gut – aber etwas vorsichtiger hättet ihr schon vorgehen können. Du latschst auf einen Zweig, Hektor rennt vor einen tief hängenden Ast, Theo stolpert über einen herumliegenden Ball, reißt im Fallen ein Gestell aus Ästen um und landet kopfüber im Häuptlingszelt.

Sofort ist das ganze Lager wach und stürzt sich auf die lauernden Komantschen. Ein erbitterter Kampf entbrennt, der zu einem fürchterlichen Gemetzel ausartet – auf beiden Seiten gibt es keinen einzigen Überlebenden.

Am folgenden Morgen ist die gesamte Ebene mit Asche und Trümmern bedeckt. Aus der glimmenden Kohle ragt nur noch ein einzelner heiler Gegenstand: Theos Rucksack mit der Friedenspfeife. Schade, dass sie nun beim besten Willen niemand mehr rauchen kann ...

→ ⊗ **Ein blödes ENDE.**

→ **Der Büffel:** Lieferant für alles, was ein Prärieindianer zum täglichen Leben braucht – die Haut für Decken, Tipiwände, Kleidung, Schnüre, der Magensack als Kochgefäß, die Sehnen als Bespannung für den Bogen. Hörner, Knochen, Hufe für Gefäße, Löffel und Schmuck und natürlich sein Fleisch als Hauptnahrungsmittel.

Vor dem Kampf heute Abend wollen die Krieger ein paar Büffel erlegen und sich an ihrem frischen Fleisch stärken. Als Vorbereitung werden die Jagdwaffen wie Speere und Pfeile überprüft und ausgebessert, die Messer gewetzt. Die Krieger des Stammes, die nicht beim Sonnentanz sind, bemalen ihre Gesichter, denn auch der Büffel ist ein Lebewesen, dem man Respekt entgegenbringen muss.

Dann tritt einer vom Stamm an euch heran: Listiger Mustang, er wird die Gruppe bei der Jagd leiten. Jede Faser seines Körpers strahlt Tapferkeit und Stolz aus. Seine glänzenden pechschwarzen Haare fallen ihm lose bis auf die Schultern, nur ein dünner, geflochtener Zopf schlängelt sich seinen Rücken herunter. Drei Federn sind so hineingesteckt, dass sie nach vorne abstehen. Über seinem Lederhemd trägt Listiger Mustang bunte Ketten aus Knochenstücken und blauen Halbedelsteinen.

Freundlich nickt er euch zu und bringt euch zur Pferdekoppel, die ein Stück flussabwärts liegt. Dir gehen die Augen über. In einer Umzäunung grasen mindestens 500 Mustangs in unterschiedlichen Farben und Größen.

„Bis die Spanier kamen, gab es in ganz Amerika keine Pferde“, flüstert Hektor dir zu. „Dies hier sind alles wilde Nachkommen von entlaufenen Pferden der Spanier!“

Manche Mustangs werden bereits von ihren Besitzern für die Jagd mit Federn und Lederbändern geschmückt. Ernst blicken euch die Indianer entgegen. Es ist nicht schwer, ihre Gedanken zu lesen: Werden uns diese drei Fremden auch nicht die Jagd verderben?

Ihr sollt euch eure Pferde aussuchen. Theo ist für kleine, gemütliche, Hektor dagegen für schnelle, kräftige. Welche nehmt ihr?

→ 202 **Ihr wollt mit den Jägern mithalten, deshalb nehmt ihr wilde, schnelle Pferde.**

→ 204 **Wenn ihr abgeworfen werdet, könnt ihr auch nicht mithalten. Nehmt lieber zahme, verlässliche Pferde.**

→ **Schade, aus der Bisonjagd** ist nichts geworden. Aber Theo treten aus einem anderen Grund plötzlich die Schweißperlen auf die Stirn.

„Oh Mist, die Pfeife! Ob die den Sturz überlebt hat?“ Hastig öffnet er seinen Rucksack und holt die Friedenspfeife hervor. Glücklicherweise war die Sorge umsonst: Die Pfeife ist vollkommen unversehrt und wartet nur darauf, zu ihrem Besitzer zurückzukehren.

Dann beratschlagt ihr, wie ihr weiter vorgehen wollt. Inzwischen seht ihr keine Möglichkeit mehr, das Sioux-Dorf rechtzeitig zu finden. So bleibt nur eins: Ihr wollt euch am Abend dem Sturm auf das Lager der Sioux anschließen und hofft, kurz vor Beginn des Kampfes die Pfeife zu Mehr-als-drei-Leben schmuggeln zu können. Dafür müsst ihr nun zuerst zu den Komantschen zurück.

Zu Fuß durchquert ihr die weite Graslandschaft, wobei ihr versucht, euch am Stand der Sonne zu orientieren. Da diese jetzt am Mittag heiß vom Himmel brennt, braucht ihr bald dringend eine Pause.

„Eine Limo, Eimergröße, bitte!“ Theo schmeißt sich japsend ins Gras. Hier verschaffen euch die Halme wenigstens etwas Schatten.

Nach einer halben Stunde Rast wollt ihr gerade

weiter, als plötzlich der Ruf eines Käuzchens ertönt. Du bist sofort hellwach – dieses Signal kennst du doch von heute Morgen. Ein Späher der Sioux!

Du rufst ebenfalls wie ein Käuzchen. Wie bitte? Bist du nun vollkommen durchgedreht? Ihr seid drei Kinder, der Sioux ist ein kampferprobter Mann!

Nein, auch solche vernünftigen Überlegungen bringen dich nicht von deiner Idee ab. Noch einmal ahmst du den Käuzchenruf nach. Vor euch im Gras raschelt es leise, ein rot bemaltes Gesicht schiebt sich auf euch zu. Die rabenschwarzen Augen starren euch verblüfft an – der Krieger rechnete damit, hier auf einen anderen Späher zu treffen.

Dieses Überraschungsmoment nutzt ihr. Mit lautem Gebrüll hopst ihm Theo auf den Rücken, dass die Rippen knacken und der Indianer erschrocken aufschreit. Zusätzlich hakt er ihm die Finger in die Nasenlöcher und zieht sie hoch. Hektor dreht ihm gekonnt den Arm um, sodass er sein Messer fallen lassen muss und zum zweiten Mal laut aufschreit. Ihr fesselt dem verdatterten Sioux die Arme, dann zieht ihr ihn auf die Beine.

Doch er weigert sich, mit euch zu gehen. Lieber würde er hier sterben, als freiwillig das Lager der Komantschen zu betreten.

Hektor legt ihm die Hand ans Ohr und flüstert ein paar Dakotaworte hinein. Mit weit aufgerissenen Augen beginnt der Mann sofort zu laufen, ihr braucht ihn gar nicht mehr festzuhalten.

„Was hast du ihm gesagt?“, will Theo wissen.

„Wenn du nicht läufst, wird sich Junge-dick-wie-schwangere-Büffelkuh noch mal auf dich schmeißen!“, antwortet Hektor lachend. „Du wolltest es wissen, Theo!“

→ (206) **Zufrieden bringt ihr euren Gefangenen als Geschenk ins Lager der Komantschen.**

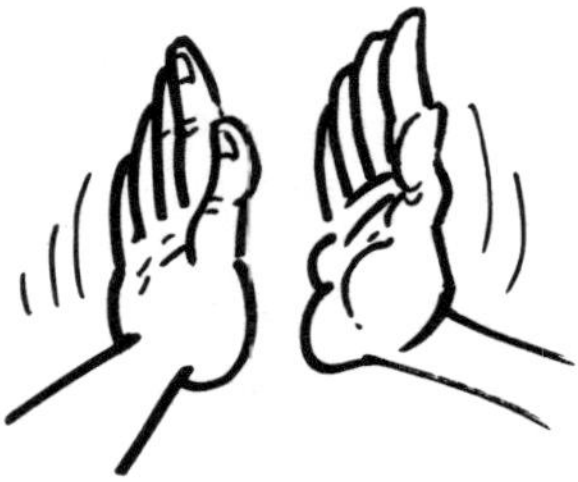

→ Ihr reitet langsam zurück. Der kühle Wind, der euch entgegenbläst, kommt gerade recht – und er verhindert, dass euch die Büffelherde riecht, die unterhalb eines kleinen Hügels direkt vor eurer Nase steht. 2 000 Exemplare des größten amerikanischen Landsäugetiers grasen friedlich zu euren Füßen. Anscheinend haben Wilder Mustang und seine Männer doch noch nicht mit der Jagd begonnen.

Doch dann geschieht das Unvermeidliche. Mit euren hektischen Bewegungen scheucht ihr die Tiere auf, es kommt Leben in die Herde. Ohne erkennbare Richtung stampfen sie los, Bullen, Kühe, Kälbchen.

Der Boden zittert wie bei einem Erdbeben. Eine Hälfte der Herde flieht über die Hügel, die andere durch das Tal. Nur ein besonders großer Bulle hat es auf euch abgesehen. Ihr habt seine Herde aufgeschreckt, dafür will er Rache! Der Koloss stürzt mit gesenkten Hörnern auf euch zu. Er ist fast doppelt so groß wie ein Pferd und viermal so schwer.

Aus Angst vor dem anstürmenden Riesen scheuen eure Mustangs. Du kannst dich gerade noch oben halten, aber Hektor und Theo werden abgeworfen. Wie gelähmt sitzen sie nun im Gras und erwarten ihr trauriges Schicksal.

Zum Glück hast du in deinem Leben genug Western gesehen, um zu wissen, was zu tun ist. Du reißt dein Pferd an der Mähne herum und jagst es zwischen die Jungs und den Bison. Dann springst du ab und ziehst noch im Flug dein Oberteil aus. Kaum gelandet, schwingst du dein Hemd wie bei einem Stierkampf und sprintest von Hektor und Theo weg. Jetzt sollte dich mal dein Sportlehrer sehen!

Der Büffel ist völlig irritiert und dreht den Kopf. Laut blökt er in den Himmel, dann stürmt er auf dich zu. Gerade noch rechtzeitig weichst du den Hörnern aus. Jedes von ihnen könnte dich durch die Wucht des Bisonkörpers glatt durchbohren. Der Bulle wendet und stampft zurück. Diesmal ist es noch knapper, du spürst sein Fell an deinen Unterarmen. Lange geht das nicht mehr gut!

Doch jetzt kommt dir Hektor zu Hilfe. Während der Koloss sich noch einmal umdreht, schnappt er sich den Strick und schlingt daraus ein Lasso. Bingo! Der Kopf des Tieres bleibt darin stecken – Hektor zieht zu und wirft das Ende fest um einen dicken Baumstumpf.

Jetzt ist die Wut des Büffels doppelt groß. Er schlägt aus, schnaubt, beißt in die Luft. Doch bei jeder kleinen Pause verkürzt Hektor geschickt das

Seil. Endlich ist es so kurz, dass der Bison in die Knie geht und seinen Kopf auf die Erde legen muss. Ihr klatscht Beifall.

Hektor lächelt geschmeichelt. „Wollen wir nicht in 100 Jahren in der Show von Buffalo Bill anfangen?“, fragt er. Aber dir reicht eigentlich dieser eine Büffel für den Rest deines Lebens.

→ (206) **Im Triumphzug bringt ihr ihn zum Lager.**

→ **Gewagt, gewagt!** Wenn das hier schiefgeht, dann guten Rutsch! Der überstehende Baum, den du da anpeilst, ist eigentlich kaum mehr als ein etwas dickerer Ast. Trotzdem musst du es versuchen. Ihr kommt dem Rauschen immer näher, und weit und breit ist sonst nichts in Sicht, was euer Leben retten könnte.

Auf dein Zeichen hin rammen Theo und Hektor die Paddel mit der breiten Seite ins schäumende Wasser – kurz stellt sich das Kanu quer. Diesen Augenblick nutzt du. Mit einem Strick um die Hüfte springst du auf den Ast zu und kannst gerade noch die Spitze erwischen.

Mit letzter Kraft ziehst du dich hoch. Nach quälend langen Sekunden liegst du schließlich am Ufer.

Doch das Kanu hat den Wasserfall inzwischen fast erreicht. Jetzt muss jeder Handgriff sitzen, wenn ihr das Abenteuer zu dritt beenden wollt. Eilig schlingst du das Seil um den Stamm des Baumes. Sofort bäumt sich das Kanu wie ein scheuendes Pferd auf, denn Hektor und Theo ziehen am anderen Ende aus Leibeskräften. Zwar ist die Fahrt gestoppt, doch das Boot bietet der Strömung zu viel Widerstand, auch gemeinsam könnt ihr es nicht ans Ufer ziehen. Deine Freunde müssen sich an dem Seil zum Ufer hangeln!

Hektor schickt Theo voraus und folgt als Sicherung. Wer abrutscht, ist verloren! Endlich stehen sie neben dir, keine Sekunde zu früh. Krachend bricht das Kanu unter dem Druck der Wassermassen auseinander, das Seil schnalzt wie eine Peitsche zu euch zurück.

Ihr seid gerettet, aber wo ist das Lager der Sioux? Deine Freunde zeigen in entgegengesetzte Richtungen.

→ (182) **Ihr klettert auf die Berge, links.**

→ (185) **Ihr lauft durch die Prärie, rechts.**

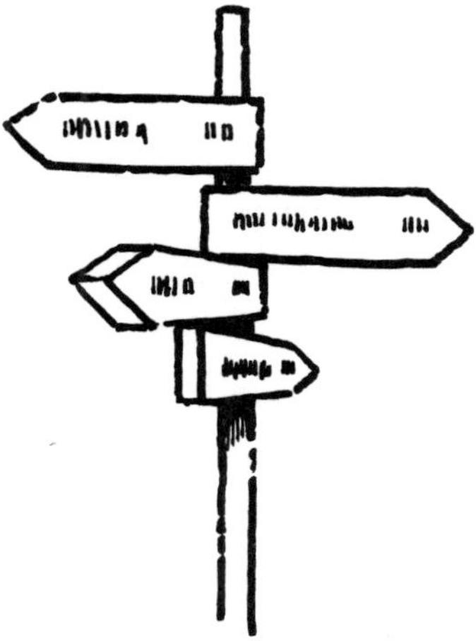

→ **Wenn du meinst,** ihr müsstet hier die Helden spielen, bitte! In einem kleinen Pferch, weitab von den anderen Pferden, befinden sich die Mustangs, die du ausgesucht hast. Schon als sie euch nur sehen, beginnen sie, wild herumzuspringen.

Nach 20 Abwürfen ist es geschafft: Ihr sitzt auf den Tieren! Doch die anderen Jäger sind bereits gestartet und mittlerweile weit vor euch. Jetzt zeigt sich die Qualität eurer Pferde. Rasend schnell jagen sie den Spuren der anderen Tiere nach. Im Nu seid ihr bei ihnen und setzt euch sogar an die Spitze des kleines Zuges.

Ungefähr 30 Männer beteiligen sich an der Jagd, alle mit freiem Oberkörper. Ihre Gesichter sind ernst und auf die kommende Anstrengung konzentriert. Die Jäger tragen Speere und Bogen, ihr habt nichts dabei als ein Seil.

Listiger Mustang, der neben dir reitet, tippt dir plötzlich auf die Schulter und zeigt auf ein enges Tal, einen halben Kilometer entfernt. Du erkennst dort Tausende von braunen Punkten: Bisons!

Die Taktik der Indianer ist einfach. Listiger Mustang wird mit ein paar Männern um die Hügel herumreiten und den anderen die Tiere entgegenjagen. Theo reitet ohne Zögern mit den Aufscheuchern mit. Hektor und du seht euch verblüfft an.

Ist er größenwahnsinnig geworden? Doch euch bleibt keine Wahl, ihr folgt ihm.

Unterwegs packt euren Freund der Übermut. Wild prescht er den indianischen Reitern davon – und kann sein Pferd plötzlich nicht mehr stoppen. Es erfreut sich an der wiedergewonnenen Freiheit und gibt Gas. Es sieht aus, als könne sich Theo schon mal darauf einrichten, in Alaska zu überwintern. Aber nicht mit Hektor!

Während die Komantschen mit ihrer Jagd fortfahren, haut er seinem Mustang die Hacken in die Flanken. Mit Schaum vor dem Mund legt das Tier noch einen Zahn zu. Schnell holt Hektor auf. Ohne die Mähne seines Pferdes loszulassen, schwingt er sich zu Theo hinüber und bändigt auch dessen Wildfang.

Als du bei ihnen ankommst, sind beide Pferde schweißbedeckt und stehen still. Theo bedankt sich überschwänglich. Er weiß, dass er Mist gebaut hat. Die Jagd ist nun schon in vollem Gang.

→ (197) **Ihr reitet durchs Tal den anderen nach.**

→ (194) **Ihr wollt die Bisonherde nicht unnötig aufschrecken, schickt eure ausgepowerten Pferde weg und kürzt zu Fuß ab.**

→ **Der Komantsche führt euch** zu den drei wohlerzogensten Pferden. Mit ihnen kann selbst ein unerfahrener Reiter an der Bisonjagd teilnehmen.

Zufrieden nickend sitzt ihr auf. Doch es gibt weder Sattel noch Zaumzeug. Wie ihr es bei den Komantschen seht, fasst ihr den Pferden in die Mähne und lenkt sie so zum Platz vor dem Lager, wo sich die Jäger versammeln.

Es sind ungefähr 30 Männer, alle mit freiem Oberkörper, die meisten von ihnen bemalt. „Jede Feder auf dem Kopf bedeutet eine mutige Tat, zum Beispiel einen getöteten Feind!", flüstert Hektor dir zu.

Dir wird ein wenig mulmig: Jeder der Männer dort auf den Pferden trägt mindestens drei Federn im Haar! Wild bäumen sich ihre Pferde auf.

Plötzlich erklingt lauter Gesang. Singender Büffel beschwört die Geister, die Bisonglück bringen sollen. Als er seinen Stab mit der Adlerkralle in die Luft reckt, antwortet ihm Listiger Mustang mit begeistertem Geschrei. Die anderen Männer stimmen ein, wenden ihre Pferde und preschen am Fluss entlang, Richtung Prärie.

Ihr habt keine Mühe, ihnen zu folgen. Du reitest eine Weile neben Listiger Mustang, schaust dir seine Art zu reiten ab und fühlst dich auf dem Rücken deines Pferdes immer wohler.

Doch nachdem fast den ganzen Weg über alles gut ging, wird Theo übermütig. Er lässt die Mähne seines Pferdes los und ruft: „Guckt mal, freihändig!“ Kurz darauf fliegt er in hohem Bogen durch den Präriehimmel. Sein Pferd ist zwar wohlerzogen, aber wenn es eine Chance bekommt, den Reiter loszuwerden, nutzt es sie natürlich.

Jammernd windet sich Theo im Gras. Er ist krachend auf seinem Hinterteil gelandet. Hektor und du springt von den Pferden. Hoffentlich hat Theo sich nichts gebrochen, ihr habt Singender Büffel schon genug Arbeit gekostet. Tatsächlich ist nur ein Rückenwirbel verrutscht, den Hektor mit einem Spezialgriff wieder einrenkt.

Ächzend erhebt sich Theo. Gleich darauf ächzt auch ihr: Eure Mustangs haben sich selbstständig gemacht und sind zum Lager zurückgekehrt, die Jäger um Listiger Mustang sind weitergeritten.

Und was macht ihr? Theo ist für den langen, bekannten Weg, Hektor will eine Abkürzung suchen.

→ (194) **Ihr geht durch das Tal zurück, auf dem Weg, den ihr gekommen seid.**

→ (189) **Ihr probiert eine Abkürzung über die Hügel.**

→ **Als ihr das Lager betretet,** blickt ihr euch verwundert um: Es ist wie ausgestorben. Die Tipis sind leer, die spielenden Kinder verschwunden, die halb fertigen Felle verlassen. Dir fällt eine dicke Rauchsäule auf, die aus der Mitte der Zelte zum Himmel steigt. Sind die Komantschen überfallen worden? Ist euer Auftrag gescheitert?

Nein, im Näherkommen seht ihr, dass die Rückkehr der Büffeljäger gefeiert und der Kampf gegen die Sioux vorbereitet wird. Ihr richtet eure Kleider, dann tretet ihr auf den Platz, wo der gesamte Stamm um ein Lagerfeuer versammelt ist. Auf der einen Seite stehen die Frauen und Kinder, auf der anderen die Männer, in der Mitte liegen drei gewaltige Büffel.

Bei eurem Anblick verstummen die Komantschen. Sie haben ihre Gesichter für den Kriegspfad noch wilder bemalt.

„Jede Bemalung im Gesicht hat eine andere Bedeutung“, flüstert dir Hektor zu. „Deshalb sehen auch alle unterschiedlich aus.“

Häuptling Der-die-Sterne-liest sitzt auf einer Decke zehn Meter vom Feuer entfernt und starrt abwesend in die Flammen. Ihr geht zu ihm, verbeugt euch höflich und zeigt ihm, was ihr mitgebracht habt. Hektor erzählt mit ein paar Komantschenworten, was passiert ist. Staunend hört Der-die-Sterne-liest zu, steht dann auf und ruft einen Satz in die Runde – sofort jubeln die 300 Komantschen auf, euer Mut wird gepriesen. Der Häuptling fordert euch auf, neben ihm Platz zu nehmen. Nach den Strapazen des Tages seid ihr froh, mal auszuruhen.

Und so habt ihr einen ausgezeichneten Blick auf die Zeremonie, die nun beginnt. Die Jäger des Stammes springen hervor und heulen und schreien los. Die bauchige Trommel setzt ein, außerdem piepsige Flöten. In wilden Bewegungen zucken die Männer um die Tiere herum. Abwechselnd springt einer von ihnen vor, beugt sich über einen Büffel, schneidet ihm eine Locke von der Mähne und hält sie unter großem Geheul über seinen Kopf. Der Stamm jubelt.

So geht es eine ganze Weile, bis sich jeder Jäger seine Trophäe geholt hat. Dann kniet sich ein Jäger über den größten Büffel und trennt ihm mit zwei Schnitten das Herz heraus. Er bringt es direkt zu euch. Du musst schlucken – rohes Büffelherz? Nicht unbedingt dein Leibgericht!

Doch der Jäger übergibt das Herz seinem Häuptling, ihm gebührt die Ehre des ersten Bissens. Der-die-Sterne-liest bemerkt eure angeekelten Blicke und schmatzt besonders laut, um euch zu ärgern.

Als auch die anderen satt sind, werden die erschöpften Jünglinge ans Feuer getragen, die in den letzten Tagen den Sonnentanz tanzten und nun vollwertige Krieger sind. Wieder setzt tosender Jubel ein. Singender Büffel, der Medizinmann, bestreicht den neuen Kriegern unter dem eintönigen Singsang des gesamten Stammes die Verletzungen an Brust und Rücken mit einer dampfenden Paste.

Jetzt, wo die Dunkelheit hereingebrochen ist, wirkt die Szene doppelt gespenstisch. Auch Theo macht Stielaugen, ist gar nicht mehr ansprechbar vor lauter Begeisterung. Die Trommel setzt wieder ein, der Medizinmann tanzt um die Jünglinge, preist in kreischenden Lauten ihren Mut und tippt ihnen mit seinem Stab auf die Brust. Einer nach dem anderen erhebt sich und geht wackelig zu den übrigen Tänzern hinüber.

Dann kommt der Medizinmann auf euch zu. Seine Büffelmütze ist ihm tief in die Stirn gerutscht, im Dunkeln sieht er wirklich wie ein Bison aus. Sofort ist es mucksmäuschenstill.

„Singender Büffel nun kennt Namen von weißen Freunden!“ Der Medizinmann stellt sich vor Hektor, deutet auf dessen Brille. „Indianischer Name ist: Er-der-vier-Augen-hat!“

Jubel. Dann kommst du dran. „Du treffen gute

Entscheidung. Komantschenname ist: Klug-wie-Häuptling!“ Jubel. Und was erwartet Theo?

Der Medizinmann erinnert den lachenden Stamm an die Breakdance-Einlage vom Morgen. „Du heißen: Der-wie-kranker-Wolf-tanzt!“

Jubel und Lachen. Häuptling Der-die-Sterne-liest umarmt euch väterlich. Ihr seid in den Stamm der Komantschen aufgenommen, eine große Ehre! Das bedeutet, dass ihr gegen die Sioux mitkämpfen dürft.

Listiger Mustang, der Anführer der Büffeljäger, holt euch zu sich, jetzt naht der Höhepunkt der Zeremonie. Fünf Männer haben das Feuer neu angefacht, die Flammen züngeln wild. Nun bricht ein wahrer Sturm von Geheul und Geschrei los. Ihr tanzt genauso wild mit. Die Männer schwingen ihre Tomahawks und hüpfen durch das Feuer. Jeder Mann stellt sich vor den Häuptling, prahlt mit seinen Taten und leistet eine Art Treueschwur. Theo will auch hüpfen.

„Lass es besser bleiben“, meint Hektor. „Mit getoasteten Füßen kannst du so schlecht vor den Sioux davonlaufen.“

„Er-der-vier-Augen-hat muss es ja wissen!“ Theo grinst den Langen an.

Als es stockdunkel ist, endet die Zeremonie. Die

Frauen und Kinder sind plötzlich wie vom Erdboden verschluckt, die Männer sammeln sich in zwei Gruppen an der Pferdekoppel. Keiner sagt ein Wort, alle sind bis aufs Äußerste gespannt.

Ihr begebt euch auf den Kriegspfad. Jetzt wird es ernst. Irgendwie müsst ihr die Friedenspfeife zu dem Sioux-Häuptling Mehr-als-drei-Leben zurückschmuggeln, bevor der Kampf beginnt. Doch welcher der beiden Gruppen schließt ihr euch dafür am besten an?

→ 216 **Ihr schließt euch der ersten Gruppe mit dem Häuptling an, wie Hektor meint.**

→ 220 **Ihr folgt lieber der zweiten Gruppe um Listiger Mustang, wie Theo vorschlägt.**

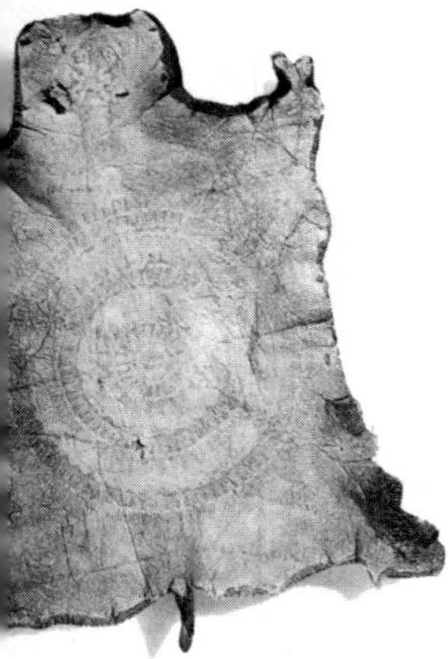

→ **Die Sioux,** oder auch Dakota, sind, wie ihr wisst, die Erzfeinde der Komantschen, seit sie behauptet haben, Häuptling Der-die-Sterne-liest sei ein niederträchtiger Dieb.

Kaum hast du das Wort „Dakota" ausgesprochen, um von eurer Flucht zu berichten, als sich auch schon vier Krieger auf dich und Theo stürzen. Offensichtlich nehmen sie an, dass ihr Verbündete der Dakota seid und sie ausspionieren wollt.

Besonders Häuptling Der-die-Sterne-liest ist in heller Aufregung – wäre doch nur Hektor bei Bewusstsein und könnte das Missverständnis in der Komantschensprache aufklären!

So aber werdet ihr mit Lederriemen gefesselt und zusammen mit dem bewusstlosen Hektor weggebracht.

→ (154) **Jetzt nur nicht unnötig Zeit verlieren! Ihr reißt euch los und rennt zum Kanu zurück. Hektor befreit ihr, wenn es dunkel ist.**

→ (178) **Jetzt nur nichts überstürzen! Die Sache wird sich schon noch klären lassen. Ihr lauft ohne Murren vor den Indianern her.**

→ **Kleiner Tipp:** Dies hier ist nur ein Puppenzelt zum Spielen.

→ (175) **Geht schnell zu dem prächtigsten Tipi, bevor jemand euren peinlichen Irrtum bemerkt.**

→ Euer Plan funktioniert – gerade noch rechtzeitig! Kaum hat Theo seine Lederfesseln durchgescheuert, als aus dem Gebüsch das Geheul der Komantschen ertönt: das Zeichen zum Angriff. Blitzschnell sind auch die Sioux auf den Beinen und bewaffnet. Ihre Frauen und Kinder verschwinden im Wald.

Die ersten Pfeile schnellen schon durch die Luft, während Theo eure Fessel löst. Hektor schützt die Häuptlingstochter mit seinem Körper und bringt sie hinter einem Baumstamm in Sicherheit. Theo fällt bei seiner aufgeregten Flucht hin und saut sich mit Matsch zu. Hastig reibt er sich den Dreck aus den Augen, doch ein schmieriger Lehmabdruck seiner Hand zieht sich von der Stirn bis zum Kinn.

Nur noch Sekunden, bevor der blutige Kampf losgeht. Und was macht Theo? Er robbt auf das Lagerfeuer zu, anstatt in Deckung zu gehen! Ein Sioux-Krieger hat bei der nächtlichen Wache hier seinen Speer liegen lassen, und als er ihn jetzt holen will, trampelt er fast auf Theo drauf. Er reißt deinen Freund nach oben, das Messer schon gezückt. Doch als er in Theos Gesicht schaut, lässt er ihn mit einem Schrei fallen und verkrümelt sich. Seltsam …

Jetzt siehst du, was Theo vorhat: Er holt die Friedenspfeife aus seinem Rucksack und schiebt sie in

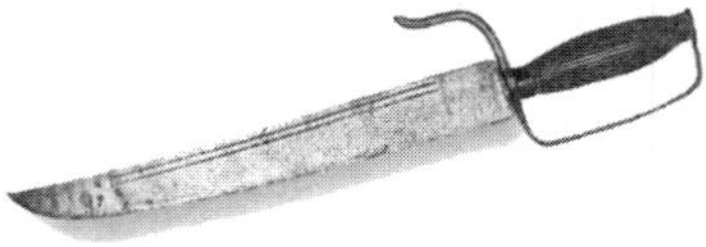

die geflickte Hirschledertasche des Häuptlings Mehr-als-drei-Leben, dann kehrt er um und kriecht schnell in euer Versteck.

Unter lautem Kriegsgeheul dringen nun die Komantschen ins Lager, allen voran Listiger Mustang. Der Häuptling der Sioux hat sich mit einigen Kriegern am Feuer verschanzt. Sie haben ihre Bögen schon gespannt und warten. Die Schlacht beginnt!

In diesem Augenblick findet Mehr-als-drei-Leben seinen Hirschlederbeutel am Feuer, streicht darüber und holt erstaunt seine Friedenspfeife hervor, die er gestohlen glaubte. Exponat 15/1982 ist bei seinem rechtmäßigen Besitzer angekommen, es gibt also keinen Grund mehr für diesen Kampf!

Gewandt klettert der Häuptling auf den Totempfahl und hält die Pfeife beschwörerisch in die Höhe. Die Sioux lassen sofort ihre Waffen sinken, auch die angreifenden Komantschen starren ihn an. In seiner Sprache und in der Sprache der Komantschen ruft er einige Worte in die Nacht.

„Er entschuldigt sich für seinen falschen Verdacht!“, übersetzt Hektor. „Er freut sich, dass der böse Geist, der ihm die Augen vernebelt hatte, durch das gemeinsame Geheul beider Stämme vertrieben worden ist.“

Die versammelten Krieger jubeln. „Mann, was

hätten die bloß ohne uns gemacht!“, schnauft Theo. „Aber warum hat mich der Sioux am Feuer so erschrocken angestarrt?“

Hektor schaut Theo an und prustet los. „Weil er Angst bekam! Du trägst als Kriegsbemalung eine Hand auf dem Gesicht. Bei den Indianern heißt das: Er hat einen Feind getötet!“

Als ihr euch lachend umarmt, setzt der Strudel ein, der euch zurückholt. Euer letzter Blick fällt auf Häuptling Mehr-als-drei-Leben, wie er Der-die-Sterne-liest die rauchende Friedenspfeife übergibt. Zwischen Sioux und Komantschen herrscht endlich Frieden, und das ist euer Werk! Dann verschwimmt alles vor euren Augen: der Totempfahl, die sich verbrüdernden Krieger, die Tipis, das Lagerfeuer.

Wie bei einer Vollbremsung fliegt ihr durch einen dunklen Tunnel. Nichts ist mehr zu erkennen, du spürst nur noch die Hände von Theo und Hektor in deiner Faust. Nach ein paar Sekunden stockfinsterer Nacht wird es wieder heller, zu hell, wie ein Blitz. Geblendet schließt du die Augen. Mit voller Wucht schlägst du auf. Theo und Hektor landen neben dir. Ihr seid angekommen.

→ (228) **Endlich wieder zu Hause!**

→ **Die Späher der Komantschen** haben seit drei Tagen die Prärie durchstreift und das Lager der Sioux ausspioniert. So weiß Der-die-Sterne-liest genau, wo sich das Lager der Feinde befindet, wie sie sich verhalten und wo ihre Wachposten stehen.

Zuerst reitet ihr in wildem Galopp ein ganzes Stück durch die Graslandschaft. Unterwegs heulen und schreien die Krieger, um sich Mut zu machen und ihre Anspannung loszuwerden.

Dann stoppt der Häuptling seine Krieger mit erhobener Hand. Die Zelte der Dakota sind nur noch einen Kilometer entfernt, jetzt ist Vorsicht geboten!

Die Komantschen wollen einen Trick anwenden. Anstatt zu den Tipis zu schleichen, wird eine Herde Wildpferde knapp an den Zelten vorbeiziehen – eure Pferde!

Die Männer entfernen allen Schmuck von ihren Mustangs. Auf ein Schnalzen des Häuptlings hin lassen sich alle vom Pferderücken hinunterrutschen und krallen sich an der Seite der Tiere fest. So sind sie für die Wachposten des Lagers unsichtbar.

Die Komantschen sind perfekte Reiter. Ihnen macht es nichts aus, regungslos an der Seite eines Pferdes zu hängen. Ihr habt da schon größere Schwierigkeiten. Theo und du schnauft wie die Walrösser, Hektor hat sofort einen Krampf in der

Schulter. Eins ist klar: Muskelkater habt ihr morgen alle ... wenn es für euch ein Morgen gibt! Dies hier ist eine lebensgefährliche Angelegenheit. Geht euer Plan schief, werden sich die Sioux euren Skalp holen – auch wenn ihr ihnen erklärt, dass ihr erst in 200 Jahren geboren werdet.

Da ist schon der erste Wachposten! Unruhig greift er beim Anblick der Wildpferde nach seinem Speer. Ungewöhnlich um diese Nachtzeit, aber vielleicht hat sie ein Wolf aufgeschreckt, denkt er sich dann wohl und lässt den Speer wieder los. Dir steht der Angstschweiß auf der Stirn.

Jetzt tauchen schon die Spitzen der Tipis auf. Die Sioux haben sie in einem Waldstück gut verborgen. Aber die dichten Büsche der einen Seite des Lagers werden kaum bewacht, haben die Komantschenspäher berichtet. Und wirklich. Ihr seht nur einen einzigen Sioux-Wachposten. Noch bevor er einen Laut von sich geben kann, liegt er geknebelt und gefesselt am Boden.

Dann lässt sich ein Krieger nach dem anderen lautlos von seinem Mustang fallen und rollt sich zwischen die Blätter. Ihr tut es ihnen nach. Mit jeder Menge blauer Flecken liegt ihr zwischen Der-die-Sterne-liest und einem wilden Krieger mit 13 Federn auf dem Kopf. Lange passiert nichts.

Schließlich bedeutet der Häuptling den mutigen Bleichgesichtern, sie sollen schauen, ob Listiger Mustang schon angekommen ist.

Theo keucht erschrocken, Hektor dagegen steht sofort auf, als wäre der Auftrag ein Kinderspiel. Zögernd erhebst du dich auch. Ihr habt wohl keine Wahl ...

→ **(170) Ihr schleicht links ums Lager.**

→ **(163) Ihr schleicht rechts ums Lager.**

→ **Was fürchtet ihr noch?** Euren Wagemut und eure Tapferkeit habt ihr nun bewiesen. Die Komantschen sind bestimmt mit euch versöhnt. Jetzt lasst euch für eure Taten loben.

→ (206) **Ihr geht mit hocherhobenem Kopf ins Lager und geradewegs zum Tipi des Häuptlings.**

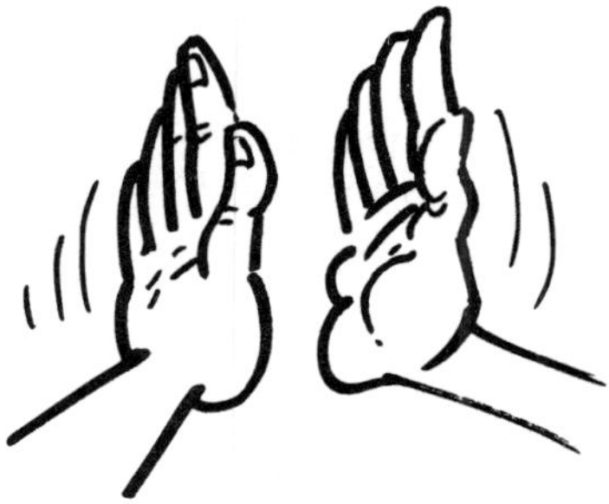

→ **Listiger Mustang hat es nicht nötig,** zu einer List zu greifen: Seine Männer haben ihm von jedem Strauch, jedem Grashalm rund um das Sioux-Lager berichtet. Ohne jemals dort gewesen zu sein, hat er so ein gutes Versteck direkt neben den Tipis ausgemacht, wo er auf ein Zeichen seines Häuptlings warten will.

Nachdem ihr im großen Bogen schweigend an einen kleinen Wald herangeritten seid, steigt ihr von den Pferden und lasst sie zurück.

Staunend blickt ihr euch zwischen den Bäumen um. Mindestens 100 Krieger sind in eurer Gruppe mitgeritten, und doch ist kaum einer von ihnen zu sehen oder gar zu hören. Selbst die Pferde treten vorsichtiger auf als sonst. Kein Ast knackt, kein Kiesel rollt.

Direkt vor euch liegt das Lager der Sioux. Auch das ist kaum zu bemerken, wenn man nicht weiß, dass es da ist.

Du schätzt die Zahl der Zelte auf 50 oder 60. Zahlenmäßig ist ihr Stamm also dem der Komantschen ebenbürtig.

Vor allem aber ist er im Moment ziemlich unruhig, als ob die Sioux von dem bevorstehenden Angriff wüssten.

Am Lagerfeuer sitzen vier Krieger mit strengen

Gesichtern, weitere vier suchen ständig die Umgebung nach sich bewegenden Schatten ab. Und das ist noch nicht alles. Jetzt erst siehst du, was die Adleraugen der Komantschen längst bemerkt haben – den Umriss eines Wachpostens im Gebüsch!

Listiger Mustang kennt euren Mut und möchte, dass ihr den Sioux-Krieger lautlos außer Gefecht setzt.

Deine Freunde haben natürlich unterschiedliche Vorschläge. Für welchen entscheidest du dich?

→ 163 **Ihr pirscht euch von hinten an den Wachposten heran und überrumpelt ihn.**

→ 223 **Ihr ruft wie ein Sumpfhuhn, macht ihn so neugierig und überrumpelt ihn.**

→ **Was du nicht** für möglich gehalten hast, tritt ein: Die hübsche Squaw zieht tatsächlich ihr Messer und schneidet Hektors Fesseln durch.

Lange sehen sich die beiden in die Augen. Ein bisschen zu lange. In diesem Moment kehren die Krieger ans Lagerfeuer zurück, ebenfalls der geweckte Häuptling Mehr-als-drei-Leben. Die Szene, die sich ihm darbietet, versteht er ohne Worte. Euer Leben ist nun endgültig keinen Pfifferling mehr wert. Es sei denn – ja!

Hektor und die Häuptlingstochter Scheues Reh heiraten noch in dieser Nacht. Der Magier bringt es nicht übers Herz, sie zu trennen. Vergesst Schule, Straßen, Autos, ihr seid jetzt für immer Dakota!

→ ⊗ **Ein romantisches ENDE.**

→ **Meine Güte!** Hättest du nicht ein leichteres Tier aussuchen können als ausgerechnet ein Sumpfhuhn? Dein Ruf klingt eher wie ein schleswigholsteinisches Sattelschwein.

Aber gut, er verfehlt seine Wirkung auch so nicht. Vor euch im Gebüsch regt sich etwas. Geduckt schleicht ein Mann auf euch zu. Theo und du schmeißt euch auf den Boden, Hektor hat ausnahmsweise die längste Leitung. Er bleibt stehen. Gute 20 Meter vor deinem Freund macht der Indianer halt. An der Art, wie er die Federn ins Haar gesteckt hat, erkennst du einen Sioux!

Das wird schnell auch den anderen beiden klar, denn der Krieger ruft Hektor in Siouxsprache etwas zu.

„Verdammt! Er will wissen, wer hier ist!“, stammelt Hektor. Jetzt wird’s brenzlig.

Oder? Nein, nicht, wenn man einen Hektor dabeihat. Er hat sich einen Namen von den Spähern am Vormittag gemerkt und antwortet gelassen auf Sioux: „Ganz ruhig, ich bin’s nur, Wachsamer Dachs!“

Der Wachposten nickt zufrieden und verschwindet wieder in seinem Gebüsch. Doch drei Sekunden später springt er mit einem wütenden Aufschrei wieder zwischen den Blättern hervor.

„Oh nein“, stöhnt Hektor. „Er sagt, *er* sei Wachsamer Dachs!“

Ausnahmsweise reagiert Theo am schnellsten. Bevor ein weiterer Schrei aus der Kehle des Mannes dringt, rennt er zu ihm und schlägt ihm mit einem dicken Ast auf den Kopf.

Dieser Mann schläft für die nächsten zwölf Stunden!

Nicht aber der, dessen Messer du plötzlich an deinem Hals spürst ...

→ (226) **Ihr lasst euch schweigend von ihm abführen.**

→ (191) **Du haust den Sioux um, und ihr haut ab.**

→ **Das machst du ganz bestimmt nicht!!!** Du solltest deinen Auftrag ein bisschen ernster nehmen – oder deinen Namen von Klug-wie-Häuptling in Dumm-wie-Bohnenstroh umändern lassen!

→ (223) **Los, ruf endlich wie ein Sumpfhuhn, aber ein braunes mit weiß geschecktem Hals muss es sein!**

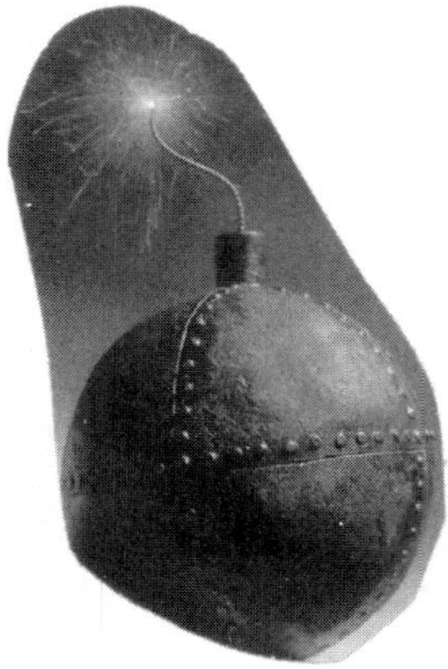

→ **Das Messer an deiner Kehle** vertreibt dir jede Lust auf Flucht. Bereitwillig stiefelst du vor dem Sioux her zum Lagerfeuer.

Die vier Krieger, die hier wachen, springen bei eurem Anblick sofort auf ihre Mokassins. Sie schnappen sich Theo und Hektor und binden sie an die Marterpfähle, die für den Kampf gegen die Komantschen schon bereitstehen. Ein dritter Platz ist noch frei. Der Mann schubst dich vorwärts. Zögerlich drehst du dich um – und schaust in die blitzenden Augen eines alten Bekannten!

Dieser Sioux hat erst kürzlich durch einen abgefälschten Pfeil ein Stück Ohr verloren, als ihm drei Bleichgesichter sein Kanu gestohlen haben.

Auch er erkennt euch sofort und schimpft in der Dakotasprache los. Hektor übersetzt. „Er sagt, sein indianischer Name wurde geändert, von Flinker Biber in Schlitzohr! Den Spott seines Stammes hat er uns zu verdanken – dafür werden wir büßen!“

Schon hat der Sioux das Messer gezückt, gleich wird dein Skalp an seinem Gürtel baumeln. Da pfeift ihn jemand zurück, eine Squaw!

Offensichtlich hat sie hier einiges zu sagen, denn Schlitzohr senkt grimmig sein Messer. Die Squaw ist wunderschön! Ihre langen, seidigen Haare hängen in zwei losen Zöpfen bis auf ihre Schultern, ihre

Augen sind schwarz wie Ebenholz, und ihre Kleidung ist mit Steinen und Knochen verziert – sie muss die Tochter des Häuptlings sein.

Wie euch Hektor übersetzt, hat sie Schlitzohr daran erinnert, dass die Sioux gemeinsam über das Schicksal ihrer Gefangenen entscheiden – morgen! Damit sich auch wirklich niemand vorher an euch heranwagt, setzt sie sich ans Lagerfeuer und stopft das Loch in einer herrlichen Hirschledertasche.

„Das ist bestimmt die Tasche, aus der die Friedenspfeife gefallen ist!", zischt dir Theo zu.

Dir gehen im Moment ganz andere Dinge durch den Kopf: Wenn die Komantschen angreifen, seid ihr schutzlos, könnt weder fliehen noch kämpfen. Plötzlich knackt es im Wald. Sofort springen die Krieger auf, nur die Häuptlingstochter bleibt zurück. Das ist wahrscheinlich die letzte Gelegenheit, lebend aus diesem Abenteuer zu kommen und den Auftrag auszuführen!

→ 222 **Hektor macht der Häuptlingstochter schöne Augen und versucht, sie zu überreden, euch zu befreien.**

→ 213 **Du lenkst die Häuptlingstochter ab. Theo soll währenddessen die Lederstricke mit dem Reißverschluss seines Rucksacks aufscheuern.**

→ Zurück daheim ... „Hallo? Ist da jemand?“, fragt eine misstrauische Stimme im Nebenraum.

„Das darf doch nicht wahr sein!“ Hektor stöhnt. „Ist dieser Wärter denn Tag und Nacht hier? Wenn er mich erwischt und das mit dem Schlüssel rausfindet, bin ich geliefert!“

Doch der Magier lässt euch nicht im Stich. Ein Stockwerk über euch heult die Sirene los. Eilig entfernen sich die Schritte des Wärters.

„Danke, Magier!“, sagt Hektor leise, und Theo springt auf die Füße. Er trägt die Bronzehand in den Saal für Geschichte des Mittelalters und verstaut sie wieder an ihrem Platz. Sofort leuchtet die rote Lampe auf: Alarmgesichert.

Dann habt ihr endlich Zeit zu feiern.

Hektor lehnt sich lässig an eine Rüstung. „Ich glaube, der Magier kann mal wieder ziemlich zufrieden mit unserer Arbeit sein. Was meint Der-wie-kranker-Wolf-tanzt dazu?“

Theo lacht. „Dasselbe wie Er-der-vier-Augen-hat!“ Dann wendet er sich an dich. „Und was ist mit Klug-wie-Häuptling? Bist du auch beim nächsten Auftrag dabei?“

Als Antwort streckst du nur deine rechte Hand aus. Die Jungs legen ihre obendrauf. Dann flüsterst du leise:

„Ich schwöre, niemandem auch nur ein Sterbenswörtchen von unseren Erlebnissen zu verraten – keinem Freund, keinem Verwandten …“

„… und schon gar keinem Lehrer!“, stimmen die anderen beiden lachend mit ein.

Hektor sieht dich an. „Heißt das Ja?“

Als du nickst, ruft Theo erleichtert: „Damit ist die Sache besiegelt: Wir drei sind und bleiben das Bronzehandbündnis!“

Die ersten 20 Lebensjahre verbrachte THiLO in der Kinderecke der elterlichen Buchhandlung. Anschließend schaute er sich in Afrika, Asien und Mittelamerika um, bevor er mit Freunden als Kabarett-Trio „Die Motzbrocken" erfolgreich durch die Lande zog.
Heute lebt THiLO mit seiner Frau und seinen vier Kindern in Mainz und schreibt neben seinen Romanen regelmäßig Drehbücher für u.a. Siebenstein, Sesamstraße, Schloss Einstein und Bibi Blocksberg.

Mehr über THiLO und seine Geschichten erfahrt ihr im Internet unter www.thilos-gute-seite.de.

Leopé erblickte 1960 in Heilbronn das Licht der Welt. Sobald er Stifte halten konnte, bemalte er alles, was ihm zwischen die Finger kam. Deshalb studierte er in Stuttgart Grafikdesign. Anschließend machte er eine Ausbildung zum Erzieher.
1995 veröffentlichte Leopé sein erstes Bilderbuch und hat seitdem mehrere Kinderbücher geschrieben und illustriert. Er lebt heute in Berlin.

Expedition ins Abenteuer

Das Abenteuer ist noch nicht zu Ende

Das Piratenschiff mit der schwarzen Totenkopfflagge kommt rasch näher. Kanonenschüsse donnern. Die Piraten werfen ihre Enterhaken. Was nun? Hektor schlägt vor, zunächst unter Deck abzuwarten, Theo will sich unter die Piraten mischen. Und du?

Auf eurer zweiten Expedition kämpft ihr euch durch dichtes Farngestrüpp bis zu einer Lichtung. Dort steht ein riesiger Tyrannosaurus Rex und blickt euch angriffslustig an. Was nun? Hektor ist dafür, dass ihr euch trennt, Theo will mit euch zusammen fliehen. Und du?